第 1 部　ヨーロッパ周遊編

スペイン：セゴビア　　　　　　　　　　（P.26　現金 100 万円男の倹約生活）

ギリシャ：サントリーニ島　　　　　　　（P.37　真夏の夜の……現実）

ノルウェー：プレーケシュトーレン

ノルウェー：ロフォーテン諸島　　　（P.52　一目惚れ！　そして夢のような日々）

ノルウェー：ロフォーテン諸島　　　（P.52　一目惚れ！　そして夢のような日々）

ベルギー：ブルージュ

オランダ：ハーグ

第2部　ロシア＆中部フランス編

ロシア：モスクワ・赤の広場　　　　　　　　　　　（P.78　モスクワ）

ロシア：モスクワ・はちみつマーケット　　（P.85　モスクワーコローメンスコエ公園）

ロシア：スズダル（黄金の環）　　　　　　（P.89　黄金の環・その1―スズダルの町）

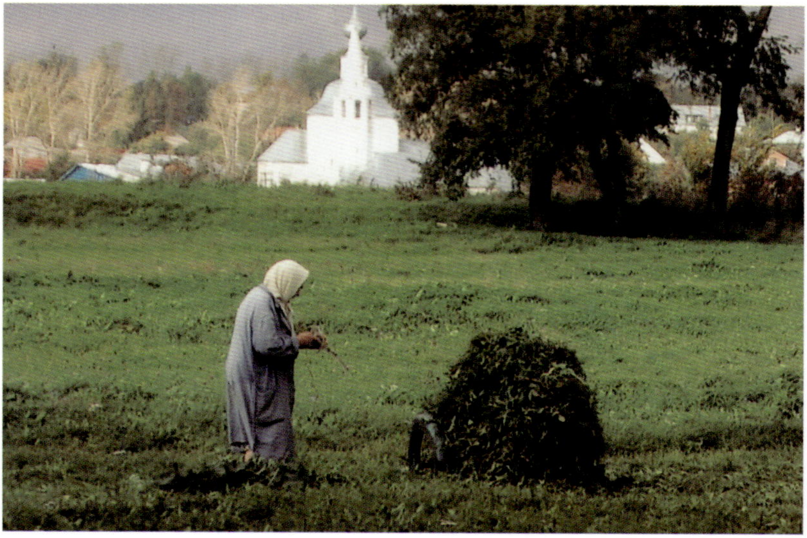

ロシア：スズダル（黄金の環）　　　　　　（P.89　黄金の環・その1―スズダルの町）

ロシア：ロストフ・ヴェリキ（黄金の環）　　（P.93　黄金の環・その２―ロストフの町）

中部フランス：ル・ピュイ　　（P.98　カトリックの巡礼路・その１―奇岩の町ル・ピュイ）

中部フランス：サレール （P.103 カトリックの巡礼路・その2―サレールへの道）

中部フランス：コンク （P.105 カトリックの巡礼路・その2―コンクへの道）

第3部　オセアニア編

ニュージーランド：マセソン湖　　　　　　　　　　　　　　（P.116　日の出）

ニュージーランド：ワカティプ湖

ニュージーランド：ミルフォード・ロード

ニュージーランド：クイーンズタウン

オーストラリア：ワイングラス・ベイ（タスマニア島）

オーストラリア：フリンダース山脈　　　　　　　　　　（P.139　ハエと時差と熱風と）

オーストラリア：エアーズ・ロック／ウルル　（P.142　単なる岩の魂か、それとも感動、絶賛モノか）

オーストラリア：オルガ／カタ・ジュタ

だから、
旅は
やめられない！

ヨーロッパ・ロシア・オセアニア編

岡田裕子
Yuko Okada

文芸社

＊＊＊ 目次 ＊＊＊

第1部　ヨーロッパ周遊編　　　　　　　　　　　　　7

| ポルトガル | ロブスター！　ロブスター？　ーリスボン | 8 |

天使の心を持つ女性　ーエヴォラ　　　　　　11

超徹底！　ベジタリアン　ーエヴォラ　　　　13

大地の真ん中の小さな村で考える
　　　ーモンサラーシュ　　　　　　　　　　17

| モロッコ | チップはいくら？　ーマラケシュ | 19 |

| スペイン | 異文化理解は体力勝負　ーセビーリャ | 24 |

現金100万円男の倹約生活　ーグラナダ→セゴビア　26

| イタリア | 市場の小さな食堂で　ーシチリア島 | 31 |

| マルタ | タコはイカとは非なるもの
　　　ーマルサシュロック | 34 |

| ギリシャ | 真夏の夜の……現実　ーサントリーニ島 | 37 |

恋人達の熱いひととき　ーミコノス島　　　　39

鋲を担いでいざ行かん　ーアテネ　　　　　　41

| イギリス | 本日晴天、牛日和
　　　ーイングランド、コッツウォルズ地方 | 44 |

たかる奴らにゆする私？！
　　　ースコットランド、スカイ島　　　　　48

| ノルウェー | 一目惚れ！　そして夢のような日々
　　　ーロフォーテン諸島 | 52 |

| スウェーデン | そしてたまにはお勉強　ーアビスコ国立公園 | 56 |

ロシア＆エストニア	目覚めパッチリ国境越え　―サンクト・ペテルブルグ→タリン	60
ド　イ　ツ	伝統の大工修業　―ディンケルスビュール	63
オーストリア	静寂の情景　―ハルシュタット＆ゴーサウ湖	66
	英語上達必勝法？！　―ハイリゲンブルート	69
オ ラ ン ダ	1つの旅の終焉で　―ハーグ	71

メモ：旅のあれこれ　　73

第2部　ロシア＆中部フランス編　　77

ロ　シ　ア	モスクワ	78
	黄金の環・その1　―スズダル	87
	黄金の環・その2　―セルギエフ・ポサド、ロストフ・ヴェリキ	91
	旅の終わりに	95
中部フランス	カトリックの巡礼路「サン・ジャック・ド・コンポステル」と中世の村巡り・その1	98
	火山と温泉の中央高地	99
	カトリックの巡礼路「サン・ジャック・ド・コンポステル」と中世の村巡り・その2	102
	旅の終わりに	108

第3部　オセアニア編　　111

ニュージーランド	オランダからの……運び屋？　―クライストチャーチ	112

サバイバル！　サザン・アルプス越え
　　　ークライストチャーチ→グレイマウス　114

日の出　ーフォックス氷河　116

I love the cinema!　ーワナカ　118

空酔い？　スカイダイビング　ーワナカ　120

雨の日のロッジのひととき
　　ーマウント・クック　122

山の始まり　ーマウント・クック　125

トンガリロ・クロッシング
　　ートンガリロ国立公園　126

オーストラリア　タスマニアの原生林で考える
　　ータスマニア島　130

指の受難の序奏曲　ータスマニア島　133

死角は側面　ータスマニア島　135

移民の国のオランダ人　ーアデレード　137

ハエと時差と熱風と　ーフリンダース山脈　139

単なる岩の塊か、それとも感動、絶賛モノか
　　ーノーザン・テリトリー　142

オセアニアを旅して　146

第 1 部
ヨーロッパ周遊編

　会社勤めを始めて約4年。かつてフランス留学中に、各国の文化に接する機会を生かしきれなかったことへの後悔の念。ヨーロッパに対する興味。一人旅への憧れ。様々な思いを抱え、ついに26歳の春、会社を辞めて、ヨーロッパを巡る旅に出る。ポルトガルを手始めに、西から東へ地中海沿いにギリシャまで、そしてイギリスで夏を過ごした後、秋の北欧、そして中部ヨーロッパへ。最後に辿り着いたオランダまでの9ヶ月間の、各地での様々な出来事や出会い、ハプニングや感動の風景を、素朴に綴ったヨーロッパ周遊編。

ポルトガル

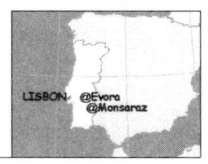

ロブスター！　ロブスター？
　　　　　　　　　　　　—リスボン（1999年4月中旬）

　日本同様、ヨーロッパでも結構前から健康食品ブームが続いている。日本食もその部類にしっかり収まっていて、スシやサシミ、ショウユやワサビはもちろんのこと、ノリ、ナットウにリョクチャに、思わぬところで彼らの口から日本語の単語を耳にする。市場やスーパーで「kaki」と書いた立て札が柿の横に立っていたりなんかすると、思わず「柿って日本語だったと思うけど……」と自信をなくしたりする。

　長期旅行ともなると、毎日優雅にレストラン通い、というわけにはいかない。それでもせっかくはるばる訪れるのだから、郷土料理も食してみたい。たまたま宿泊先で知り合った日本人女性と意気投合して、その日の夕食はポルトガル料理を試してみることになった。

　ガイドブックで見つけたレストランに続く階段を上っていく。と、階段を下りてきたポルトガル人とおぼしき男性が、すれ違いざまに「上だよ」と声をかけてくる。上？　まるで私達がお

店を探しているのを知っているみたい。そのまま更に階段を上ると、実際お目当てのお店がある。「よく私達がこのレストラン探してるのが分かったね」。メニューを見るとお目当ての料理名、「カタプラータ」も。店内から笑顔たっぷりの店員が現れ、入るよう促す。もちろん、そこに決定。

　あまり広くない店内にはテーブルが5つほど並べられ、すでに先客が数人いる。席に着き、メニューと格闘していると、一人のおじさんが店内に入ってきて店員と話し始めた。この人、どこかで見たような……そう、確かさっき階段ですれ違ったあのおじさん。ふと壁に目をやると、そこにはガイドブックの表紙のコピーがしっかりと貼ってある。そしてそのおじさんが料理する姿も……。おじさんは私達のテーブルの横に来ると、訊ねる前からカタプラータの説明を始める。「これは魚介類とソーセージを特別の鍋で煮込んだもので、オマール貝、えび、かに、ロブスターが入ってて……」。ロブスター？！　思わず聞き返すと、彼は自慢げに大きく頷き、にっこり笑ってロブスターと繰り返す。魅惑的な響き……あっさり陥落。

　しばらくして出てきた鍋は、4人分はあるかと思われる深い銅鍋で、この鍋がカタプラータ鍋と呼ばれるところから料理にその名がついたとか。厳かに運ばれてきた鍋の蓋が一瞬おいて開けられる様はまるで一種の儀式のようで、こちらも期待に胸はわくわく。蓋の下からは、芳しい香りと共に、おじさんの言った通りの食材がふんだんに入ったうっとりする料理が登場する。中でも圧巻はロブスターで、ぶつ切りがごろごろと入っている。

そう、ごろごろ！　思わず歓声を上げると、店内のお客さんも鍋に目をやり目を見張る。味への期待はいやが上にも高まって、心は弾み、鼻歌まで飛び出しそう。そこへ、これまた大盛りの付け合わせのライスとフライドポテトが運ばれてくる。もう待ち切れない、さあ食べよう！

　お皿に貝を取り、スープをすくう。まずは一口……おいしい！　様々な魚介のうまみが溶け込んでいて、深い味わい。そして期待のロブスター、その塊を一気に口へ……柔らかい！じっくり煮ると、ロブスターってこうも柔らかくなるものかしら、きっとこれもシェフの腕ね。向かいの彼女に目を向けると、同じく感動の様相。これは大当たりよ！

　あっという間に1度目をたいらげ、少々落ち着いたところで2度目をよそる。今度のロブスターはあまりにも大きいので、半分に切る、と、断面にぽつぽつと穴が開いているのが見える。穴。ロブスターに、穴？　そこへ彼女が言う、「ロブスターに味がないよ」。「穴が開いてる」、そう言うと彼女、「繊維もないよ」。これってほんとにロブスター？　まるですり身みたい……すり身。まさか、すり身？？　そう言うと、彼女も、「ほんとだ……」。ロブスターのすり身。そんなもの、日本でもお目にかかったことがない。すり身自体、日本固有の食材かと思っていたのに！

　不信感が募ると味への評価は一気に低下。ソーセージの味が強い！　スープが塩辛い！　と次々に文句が飛び出す。おしまいには本当に塩辛くて食べられなくなり、北海道出身の彼女、「これが一番おいしい」と、付け合わせのポテトばかりに手が伸びる。最初にあまりに喜んだ姿を見せた手前、半分以上も残す

わけにもいかず、せめて見た目の嵩だけでも減らそうと、貝類をのけてみたりする。鍋をスプーンでつつく様を見て、さぞ店員も不思議だっただろう、なんと言っても一番騒いだロブスターが一番目立って残っているのだから!

　結局食べきれないまま店を出て、次の瞬間、彼女と2人、大爆笑! ロブスターのすり身! この先、ポルトガルを思う度に、きっと頭の片隅に登場するに違いない。

　その後、旅の途中で何度か「スリミ」という単語が外国人の口から発せられるのを耳にした。
「スリミって日本語なんだ、知らなかった。ヨーロッパじゃ結構前からブームよ、お魚だから健康にいいじゃない」
　お魚、ねぇ……!

天使の心を持つ女性
　　　　　　　　　　　―エヴォラ(1999年4月中旬)

　旅をしていて焦る瞬間、というのがある。最終バスに乗り遅れたり、夕方到着した町で宿が満室だったり、ひと気のない雨降る丘で道に迷ったり。ポルトガルの町エヴォラで出会ったその女性は、焦る異国からの旅人に、それはそれは親切に接してくれた、そう、まるで天使のように。

　旅を始めて11日目、日帰り旅行から戻ったエヴォラの町で、

初のカードトラブルに遭った。旅の頼みのビザカードでATMから現金を下ろそうとしたところ、カードが拒否される。何故？　再度試してみるものの、再度拒否。3度試すとブロックされることをすっかり忘れてひたすら場所を変えて試してみるものの、お金が下ろせない。何故？！　時すでに夕方、一般の銀行は閉まり、宿代は前払い。カード会社に電話しようにも日本は真夜中。手元には数十円程度の現金しか残っていない。どうしよう！　脳裏には石畳の上で芸をしながら食いつないでいる自分の哀れな姿が浮かぶ。歌でも歌うか？　盆踊りでも？　笛くらいなら吹けるぞ……！

　冷静に考えれば対処法はあったんだろうけれど、なんといっても初のカードトラブル。いつもならロマンチックな気分で見入る暮れゆく空も、焦る心にはまるで地獄のカウントダウン。そこで思いついたのがツーリスト・インフォメーション。駆け込み寺の気分で入ったそのインフォメーション、ここの女性が親切だった！

　業務終了の7時まで待つように言われ、その後連れ立って町なかのいくつかのATM巡り。それで埒があかないと分かると、彼女はかばんから財布を取り出して一言、「お金は貸してあげるから心配しないで。日本に帰ってから返してくれればそれでいいから」。とりあえずその日の宿泊はなんとかなると分かったものの、カードがブロックされたままに変わりはない。カード会社が日本時間の朝9時、ポルトガル時間の夜中1時以降でないと営業しないと言うと、その時間に宿まで迎えに行くから、一

緒に電話をかけて解決法を探りましょう、と提案してくれた。なんと親切な！　その言葉に勇気付けられたのと、それまでの心細さ、彼女の心の温かさが一挙に胸に込み上げて、ぼろぼろと涙がこぼれてきた。ここまでしてくれるインフォメーションが他のどこにあるかしら？　彼女の人柄がそうさせるのだろうけれど、なんの義理があるわけでもないのに……！

　彼女、アンジェラは約束通り夜中に宿まで来てくれて、結局日本と連絡のつくのが夜中の2時以降であると分かると、分かったというように頷き、翌朝8時半、仕事前に再度宿まで来るので、それまでに私自身で解決策を見つけていれば良し、ダメならその時一緒に考えましょうと言ってくれた。その後の日本とのやり取りで、カードブロックはビザ・センターのデータ容量オーバーから来るトラブルだったことが分かり、ブロックは無事解除。何度も無駄足を運ぶことになった彼女は翌朝、「これであなたは多くのことを学んだでしょうし、ポルトガルの印象もよくなったでしょう」と言って屈託なく笑っていた。アンジェラ＝エンジェル。天使のような女性だった。

超徹底！　ベジタリアン
　　　　　　　　ーエヴォラ（1999年4月下旬）

　人体の60％は水分である、というのは確か中学校の理科の時間に習った気がする。水分補給が十分でないと、脳の働きも悪

くなり、体にいろいろな弊害が出る、とも。何事にも例外はあるけれど、人体にも例外っていうのはあるんだろうか。

エヴォラのユース・ホステルで同室になった30代後半のそのドイツ人女性は、私が部屋に到着した時、ひたすらオレンジを食べていた。柑橘類のさわやかな香りが部屋に充満している。おいしそうね、と言うと、「これ、私の夕食なのよ。あと、トマトとアボカドがあるわ」と言って、足元の袋からアボカドを取り出す。
「あなた、アボカド好き？」

アボカドの思い出は中学生の頃までさかのぼる。その夏うちの家族では、新しい果物に挑戦するのがにわかなブームになっていた。定番のスイカ以外に更なる味を求めんと、父は「毎週末新果物」宣言を下し、母は土曜日の午後スーパーの青果コーナーで見たこともないような果物を求める役割を負った。そんな母にくっついてしばしばスーパーに通っていたある日、目に留まったのが「アボカド」。「森のチーズって呼ばれて、栄養価がとっても高いそうよ」。テレビからのにわか知識で妙に果物に詳しくなった母に、「じゃあ、試す？」。けれども、あまりにも鮮やかな緑色の上に、どれを触ってもとっても固い。「これ、ほんとにおいしいと思う？」。問う私に母も、「よく分からないね」、そう言いつつ、適当に２つほど選んで買い物かごに入れる。

そんなわけでその日の夜、アボカドが初めて我が家の食卓に

上った。家族の期待と好奇の視線の中、母が1つを手にとり皮をむき始める。「これ、すごい固いわよ、あんまり香りがしないわね、汁気もないわ、あら、真ん中に大きな種がある」。分析と共に一口大に切り分けられたアボカドに、それぞれが手を伸ばして口に運ぶ、そして第一声……「まずっ！」。そう、青っぽくて固くて水分がなく、それぞれの持つ果物の定義からはほど遠い。「これってほんとに果物？ 塩でもつけてみる？ お醤油は？」。いくつかの試みがなされた後、全員一致の意見の下、哀れアボカドはごみ箱に消えていった……。

　それ以降、アボカドを口にすることはなかったけれど、その彼女に強く勧められて、再度アボカドを口にすることになった。ポテトチップスですくって食べるといい、と言う彼女。「すくう？　あの固いのを？」。半信半疑で半分に切ったアボカドを受け取り、言われた通りポテトチップスですくってみる。「クリームみたい！」。そのアボカドは完全に熟れていて、まるでまろやかで濃厚なクリームのよう。それがポテトチップスの塩気とマッチして、それはそれはおいしい。「私、今この瞬間にアボカドのファンになった！」。中学生の時のあの哀れなアボカドは、単に熟れていなかっただけだったのね……。
　そんな私に彼女が語り出す。
「そうでしょ、私もアボカド大好きでね、ドイツではなかなかおいしいのが手に入らないから、夫と話し合って、ポルトガルに移り住むことにしたのよ。それで今家探し中でね。1ヶ月ほど周ってるんだけど、夫は仕事で一足先に帰ったから、今

ちょっと旅行中なの」

え、アボカドのために移住？
「実は私、ベジタリアンでね、お肉もお魚も必要ないし、パンも食べないし乳製品も摂らないわ。果物のおいしい国が必要なのよ」

でも、それじゃどうやって栄養摂るの？
「あら、アボカドって栄養たっぷりなのよ。オレンジにはビタミンCがたっぷり含まれてるし、水分もたっぷり含まれてるから、私、お水も飲まないのよ」

水を飲まない？！
「そうよ、喉が渇くとオレンジ食べるの。それで十分よ」

　ちなみにこれ、誇張して書いているわけでは決してありません（彼女が誇張して話していたなら別ですが）。4月も下旬となると、南ヨーロッパのポルトガルは25度を超える暑さ。彼女が特に気に入ったという南ポルトガルともなると、エヴォラの位置する中部ポルトガルよりも更に暑いはず。いくらオレンジに水分たっぷりでも、夏は乗り切れないわよ……！

　信じられないといった表情の私を横目に、彼女は涼しい顔をして次なるトマトに取り掛かっていた。それから数日、彼女とは部屋を共にしたけれど、ついに水を飲んでいる姿を見かけることはなかった……。

　果たして彼女、今でも無事ポルトガルの大地で生き延びてい

るのやら？！

大地の真ん中の小さな村で考える
　　　　　　　―モンサラーシュ（1999年4月下旬）

　エヴォラから東へ52km、「ポルトガルで一番美しい村」の名を持つ丘の要塞、モンサラーシュ。1日1便、少々ガタピシいうバスで、一面のオリーブ畑を通り抜け、乗り換えを含めて1時間半、標高330mの高台村に到着する。

　村一番の高台は、最奥に構える要塞跡。鉄の階段を登って城壁の上に出ると、360度、さえぎるもののない雄大な風景が広がっている。村には車がほとんど乗り入れないため騒々しい音もなく、静まり返った中に、一人ふわっと浮かんでいる気分になる。大地の彼方からそよぐ風と、大気の奥から耳に届く鳥のさえずりだけが身近に感じられる。日の光がやさしく全身に降り注ぎ、体の隅々まで透明感に包まれる。

　城壁をぐるっと一周し、モンサラーシュの村を見下ろす。白壁の家並みが重なって、その左下、更に見下ろす形で、来る途中に通ってきた村々が見える。村に1本のメイン・ストリートをゆっくり歩き、村に1つの入り口へ戻る。村の向こうには広々とした大地が地平線まで続いている。

すごい、と言うと平凡だけれど、確かにすごい。こんな大地の真ん中にも、それぞれの営みがあり、生き様がある。その異なる営みが、その土地の特色を作り、その土地への興味を増す。社会の中では、様々な形で、様々な事柄に対する統一が行われるけれど、このような生活一つひとつの深部にまで踏み込むことはある意味不可能だし、どこまでその必要性があるだろう。大切なのは、無数の線を１本にすることではなく、１本１本の線の中に共通点を見出すこと、また、相違点を理解できる、という１本の筋をそれぞれの線の中に持つことではないか。

　小さな村のひとときは、様々なことを訴えかけてくる。

第1部 ヨーロッパ周遊編

モロッコ

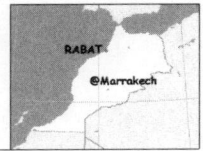

チップはいくら？ —マラケシュ（1999年4月下旬）

　旅を始めて3週間、晴天続きの行程に、とうとう雨が訪れた。その日、スペイン南部、アンダルシア地方の町ロンダは朝から大雨で、とうていやむ気配もない。ロンダを拠点に小さな村々を巡ろうと思っていたけれど、お目当ての白壁の家並みも、白い空では映えそうにない。天気予報では3日後から晴れるという。それまで青空を求めて移動しよう。でも、どこへ？　アンダルシアには来たばかり、すぐに北上する気はないし、かと言ってこの周辺はどこも同じようなお天気。ここより南、っていうと……？

　というわけで、気が付けばアフリカ大陸北端の、モロッコ、タンジェ行きのフェリーに乗っていた。一人で来る気はなかったはずが、タンジェ1日ツアーに参加するつもりで行った出発地点、スペイン南端アルヘシラスの町で、港までの道にあるというツーリスト・オフィスを見つけられないまま港まで辿り着いてしまった。これからモロッコへ渡るというモロッコ人とアイルランド人のカップルは、「モロッコはとても安全な国」と胸を張る。前方を見やると、列車で出会ったアメリカ人カップルが、

タンジェ行きフェリーに乗り込もうとしている。なんとなく連帯感を感じるわ。というわけで、なんとなくフェリーの列に並び、なんとなく出国スタンプをもらい、なんとなくフェリーに乗り込んでしまった。

　なんとかなる時はなるもので、フェリーで再度アメリカ人カップルを見かけ、話しているうち一緒に行動することに。更にアメリカ人個人旅行者2人が加わって、タンジェに着いた時には5人連れツアーご一行様の出来上がり。初モロッコで興奮した面々、勢い余ってフェリー到着数時間後に出発する夜行列車に乗り込み、モロッコの北の玄関口タンジェから、500km離れたマラケシュまで一気に南下することになった。

　マラケシュの中心広場、ジャマーア・エル・フナ広場は駅から離れているようで、私達は2台のタクシーに分乗して中心部に向かう。しばらくマラケシュに留まるという個人旅行者2人のため、まずはホテル探し。見つけたホテルに全員荷物を置いて、さあ、町へ繰り出そう。

　町は全体的に肌色で、少し砂埃の立っている印象を受ける。さすがにここまで南下すると、ヨーロッパの悪天候も影響なく、真っ青な空が広がっている。まだ朝早いためか、広場は少し閑散としている。それでも、ところどころに立てられたパラソルの下では、コブラが頭をもたげ、鎖につながれたサルがキャッキャと鳴いている。周囲にはオレンジをきれいに積んだ屋台がぐるりと並び、新鮮な絞りたてオレンジジュースを大ぶりのコップ1杯30円程度で売っている。ナッツ類も豊富で、ピー

ナッツやアーモンドに始まり、かぼちゃの種や、見たこともないようなナッツが山と積まれている。

　広場から続くアーケード街へと足を踏み入れると、そこは、混沌とした中に見えないルールのある、埋め尽くされた空間で、手製のかばんや工芸品、木製の置物や衣類が床と言わず天井と言わず、所狭しと並べられている。スパイスやミント、ナッツなどのあらゆる香りが漂い、空気にさえ空間がないように思われるほど。声のかかる回数は格段に増え、「ニホンジンデスカ」「コニチハ」、しまいには「アナタガスキデス」「ナカタ！」とまで言われる始末。値段は相当ふっかけられていて、同行のアメリカ人がかなり値切って買ったドラム型の楽器タムタムは、他の店では半値以下で売られていて、彼をとても悔しがらせた。

　広場に戻ると、人出はずいぶん増えていて、辺りは活気に満ちている。先ほど見かけた鎖につながれたサルが観光客の腕に抱かれている。なるほど、サルの貸し出しでお金を取っているわけね。とふと振り向くと、すでに同行のアメリカ人カップルが嬉しそうにサルを抱いている。「サルよ、サル！　かわいいわねー」。はしゃぐ彼女に微笑む彼。ポーズをとって、ハイ、チーズ！　さて、お代は？　100ディルハムなり。「100ディルハム？！」。驚く彼らにサルの飼い主、涼しい顔をして手を差し出す。「100、100」。ちなみに当時の換算レートで約1300円。物価の安いモロッコで、たかがサルの貸し出しで、そりゃぼったくりよ！　とは思うものの、モロッコ到着直後、まだ通貨換算に慣れないままの彼、なんとなく高いなぁ、と言いながらもしぶ

しぶお代を払う。それ、ほんとに払うわけ？　ちょっと飼い主、あんた、それはふっかけすぎよ！

　濡れ手に粟でほくほくの飼い主。とその時、サルがキャッキャと走り出す。大儲けで油断をしたか、緩んだ手から、サルの鎖がするっと抜ける。慌てる飼い主、はしゃぐサル。待て待てと追う飼い主に、サルは嬉々として逃げ回り、ぴたっと止まって振り返っては飼い主を見やる。飼い主なにやら叫びつつ、サルに近づき鎖を掴む。と思う瞬間、からかうように、サルが再び走り出し、鎖はするっと指先を抜ける。怒る飼い主、はしゃぐサル。突然始まった追いかけっこ、ちょっとした見ものだ。飼い主の仲間、おい大丈夫かと近寄って、２人でサルの後を追う。サルも意地悪っ気を出したのか、止まっては振り向き、キキッと笑ってはまた走り……。飼い主お手上げ状態である。

　そうしてしばらく広場中を駆け回っていたサル、ふとした拍子に私の足元へ。鎖は右足のすぐ横に伸びている。息を切らせて困り果てている飼い主、ちょっぴり哀れを誘う。ねえサル、もういいんじゃない、この辺で。と、足をずらせて鎖を踏んづけた。そうとは知らぬサル、近づく飼い主にキキッと歯をむき走り出す、が急ブレーキ。もう逃げられない。私はかがんで鎖を手に取る。

　飼い主は見るからにほっとした表情で近づき、ありがとうと言うように手を伸ばす。鎖を手渡そう……と思った瞬間、茶目っ気がむくむくっと湧き上がる。次の瞬間私の口から出た言葉は……「100ディルハム！」。そうよ、ただでは渡さなくってよ、さっきあなたぼったくったでしょ！

第1部 ヨーロッパ周遊編

　まさかふっかけられるとは予想せず、かといってサービス（＝こちらが頼む、頼まないにかかわらず気が付けばなされている手助け）にはチップがつきもののお国柄、彼は面食らって言葉を失う。そこへたたみかけるように再度、「100、100！」。ほんとにせびる気はなかったですけれどね、どんな反応をするか見てみたくって……。飼い主は見るからに焦り、仲間にどうしたものかと相談を始める始末。事の成り行きを見ていたアメリカ人カップルを振り返り、「私、あんた達のリベンジ（復讐）してるのよ」と言うと、彼らはくすくす笑い出し、「いいよ、かわいそうだからその辺で」。あらそう、それならOK。ということで、にやっと笑って鎖を渡すと、飼い主の表情は大きな安堵に変わっていった……。

　立場を変えてみるのはいいものよ、ふっかけられた相手の気持ちがちょっとは分かるでしょ！　そう思いながらその場を立ち去る私の心に、別の声がささやく、「ふっかけてみるのも悪くないよね」と……？！

スペイン

異文化理解は体力勝負
―セビーリャ（1999年4月下旬）

　初心者にとってのスペインと言えば、パエリア、闘牛、フラメンコ！　ということで、行ってみました、闘牛観戦、マエストランサ闘牛場へ。

　まずは闘牛基礎知識。基本的には日曜日に行われ、座席には「ソンブラ（影）」、「ソル（日なた）」、そして開始時間には日なただけれど、徐々に日陰になっていく「ソル・イ・ソンブラ」の3種類がある。開始時刻は原則日没2時間前。暑いスペイン、闘牛士は主に日陰で技を披露するらしく、ソンブラの席はお値段少々お高め。ソルの席からは技が見えにくいとのことで、ソル・イ・ソンブラのチケットを購入。さてさて、どんな荒技を見ることになるのやら……。

　午後6時半の開始に合わせ、6時過ぎに到着すると、場内はすでに満員で、人々の熱気が伝わってくる。女性は華やかにドレスアップし、ばっちり化粧を決めている。闘牛に来るのって、クラシック・コンサートへ行くようなもの？　6時半、ファン

ファーレと共にマタドール（闘牛士）入場。ソンブラの客席中央に有名人がいるのか、彼らはそちらに向かって敬礼。そして早速1頭目。

　巨大な黒牛が入場し、3人いる闘牛士の振るショッキング・ピンクの布めがけて、牛が突進。闘牛士はその度に、客席と闘牛場を分ける板部分に作られた隙間に逃げ込み、牛は突進して板にぶつかり、どすっと鈍い音を立てる。そのうち1人の闘牛士が場内に残って布で牛を反応させ、突進する牛をかわしては2、3度技を披露する。

　その後すぐ、馬に乗ったピカドールと呼ばれる別の闘士がファンファーレと共に入場する。片側を完全武装した馬に乗り、自身も武装したピカドールは、馬上から槍で牛の背中を突いて弱らせる。牛が馬めがけて突進し、その胴体にどすっとぶち当たる瞬間、槍が牛の背中にぐいと突き立てられる。血がだらだらと牛の背中を伝い、風に乗って血なまぐさい臭いが客席まで漂ってくる。き、気分悪い……。

　ピカドールが退場すると、再度マタドールが現れ、牛との格闘が続く。次いで登場するのが3人の闘士、バンデリジェロ。一人2本ずつ短い銛を持ち、牛に急接近してその背中に銛を突き立て、更に牛を弱らせていく。牛の正面から至近距離まで近づくため、見ている方も緊張する。この3人が銛を打ち終える頃には、牛の勢いはかなりなくなり、反応が鈍くなる。

　そこへ、最後の止めを刺すべく再度マタドールが登場する。彼は、剣と赤い布で技を披露し、そして瞬時に、牛の背に剣を突き立てる。こうなると牛はもはや力を持たず、がくっと前脚

の膝を折る。そしてどっと横たわると、牛の頭部に短剣が突き立てられ、牛はその命を終える。牛の死骸は何頭かの馬につながれた縄にくくり付けられ、引きずられて場外へと運び出される。場内が掃き清められると、2頭目が登場する……。

といった具合に、なんと延々8頭も続いた！ ちなみに1頭当たり約20分。ちょうどセビーリャの春祭り（フェリア）の時期に当たったためか、普段は6頭のところ、スペシャル版だったようだけれど……正直言って、3頭も見ればもう十分！ 牛は徐々に弱らされるので本当に緊張する瞬間は稀だし、5頭目、6頭目は闘牛士が板の合間に逃げ込んだまま技を披露せず、6頭目に至ってはカウベルを付けた別の牛5、6頭と共に、おとなしく場外へ退場してしまったのだから！

というわけで、8頭目を見終わる頃には心身共にぐったりで、その後の食事には食欲が湧かず……。異文化理解もなかなかエネルギーがいるのです……。

現金100万円男の倹約生活
　　　　　—グラナダ→セゴビア（1999年5月上旬）

　旅の楽しみ方にはいろいろあるけれど、いつ旅をしても新鮮味を覚えるのは、世の中いろんな人がいるなぁ、と感じること。日常生活で生きやすいかどうかは別として、個性の強い人は確

実に印象に残る。

　宮城県出身のその青年と出会ったのは、ちょうど旅行を始めて１ヶ月ほど経った頃。彼を最初に見かけたのはグラナダのアルハンブラ宮殿。腰からスーパーのビニール袋をいくつも下げ、更には寝袋まで下げたその姿は注意していなくても目を引く。よれよれの服に無精ひげの伸びたその姿、ちょっと近寄りがたい。声をかけられたくないかも……。

　２度目に見たのは同じ日の夕方、夕日に染まるアルハンブラ宮殿を望む小高い丘。暮れゆく空をバックに強いオレンジ色から淡い赤、そして夕闇の中に溶け込んでいく石の壁が、今度はライトアップの光に浮かび上がってくる。その場に集ったカップルたちも思い思いにそのロマンチックな雰囲気に浸っている。そしてその横にスーパー袋を腰から下げた日本人が……。う～ん、さっき見たような……。

　グラナダからのバスが１日１便、片道１時間半の小さな村、モンテフリオのバス停でばったり出会った３度目は、彼の方も私に気付き、下車したのが私だけだったため、さすがに無視するわけにもいかず、話しかけてみた。でもこれが、話してみるとなかなかいい奴で。なんでも１ヶ月前に大学を卒業したばかりで、就職前に１年ほどの予定でヨーロッパを周るとのこと。
　でも１年周るにしてはスーパー袋に寝袋だけ？
「グラナダのちょっと町外れの林にかばん置いて観光に出たん

ですよね、まさかこんなところじゃ盗られることもないかと思って。でも、夕方戻ったらなくなってて（そりゃなくなるだろ！）。かばん買うといろいろ物増やしちゃうから、なにも持たないことに決めたんですよ」

　いや〜、つわもの。確かに5月のスペインはかなり暑いし、広場の小さな噴水で髪洗っても、タオルなしで乾くでしょうけど……。

　ところで、お金はどうしてるの？　カード？　小切手？
「ここですよ、ここ」

　彼が指差した先はウェストポーチ。なんと、現金100万円（そう、1万円札100枚！）を、ウェストポーチに入れて歩いていた！！
「これを行く先々で両替してるんですよ。オレ、カードとか使い方よく分からないし、やっぱ現金が一番分かりやすいじゃないですか」

　わ、分かりやすいといえば分かりやすいけど、ウェストポーチって一番狙われやすいって、知ってる？？
「スペインの後ドイツとかスイスを周って、最後はローマで2ヶ月くらいアパート借りて住んでみたいんですよね。それまでは節約して、最後に中華レストランに行って（イタリアにして何故中華？！）、ターンテーブル一杯に料理頼んで、それを片っ端から食うのがオレの夢なんですよ」

　そういう彼の節約方法、宿泊は町なら公園のベンチ、村なら村はずれの林、または高台で寝袋にて。食事は一日一食、手作

りサンド。朝ゆっくり時間をかけて前日の出来事を日記にしたためた後、町に出てバゲット風のパンを購入。スーパーで購入した缶詰＆野菜類をたっぷり挟み、がぶっと端からかぶりつく。「オレの一日で一番幸せな瞬間」だそうである。さもありなん。

あまりにも倹約家なので、持っていた貝の缶詰をいくつか譲ると大感激の様相。
「このご恩は忘れません！」

2度あることは3度ある、とは言うけれど、3度あることが4度あるとはさすがに思わなかった。グラナダに戻った後、コルドバ、マドリッドを観光後、トレドを散策中に広場でばったり出くわした時には思わず「あ～！」と叫んでしまった。いくら旅行者の行く先が決まっているとはいえ、テンポまでこうも似ることがあるものか。

彼のモンテフリオでの言葉、「ご恩は忘れません」、どうも本気で言っていたようで、「あれ、めちゃくちゃうまかったんですよ。お礼に是非オレの特製サンド、食って下さい！」と言って、出くわしたその広場のベンチで、彼は特製サンド作りにかかった。相変わらず腰から下げているスーパー袋から、食材が出るわ、出るわ。トマト、サラミ、たまねぎ、チーズ、マヨネーズに塩、胡椒、そして豆の瓶詰めまで。それらを半分に開いたバゲット風パンに手際よく切り落としていき、できました、超特大特製サンド。直径10cm、長さ50cmはあろうかという具沢山サンド！　内心かなりたじろぎつつ、それでも作ってくれた「ご恩」に報いんと、望遠鏡を覗く感覚で担ぎ上げて、パクつき

ました……。行かれたことのある方は想像に難くないと思います、トレド中心の大聖堂前広場、結構人通り多いんですよね……道行く人の視線と笑いが痛い……。

　別れ際にこの先セゴビアに行くと言うと、「オレは一度行ったけど、今までで一番いいところだったし、夕日のアルカサル（城）を撮ったフィルムをかばんごと盗まれたから、もう一度行きますよ。じゃあ夕日の見える丘で会いましょう！」。

　で、いざセゴビアに行ってみたらそこらじゅう丘だらけ！なのに、会う日も時間も決めたわけではなかったのに、数ある丘の一つで夕日に染まるアルカサルを眺めていたら、その彼が丘を登ってきた……！　5度も会うか、同じ人に？？

　さすがにそれが彼を見た最後となり、その後どこぞでばったり、ということは起こらなかった。ちなみにその彼、2月までの旅行の予定が、9月後半頃から急に暗く寒くなるヨーロッパの秋に、日本への郷愁を抑えきれず、10月に帰国してしまったとか。せめて最後にどこかで「中華レストランの夢」を果たしていてくれていたらいいけれど……！

イタリア

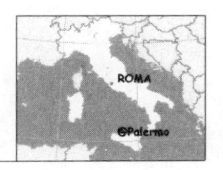

市場の小さな食堂で
―シチリア島（1999年6月上旬）

　その食堂は、地元の人が足繁く通うパレルモの町の市場の一角にある。お腹の減ったある日の午後、ふらっと覗きに行ってみる。

　活気の落ち着く午後のひととき、中途半端な時間とあって、素朴で小さな構えの食堂内には店のお兄さん以外人影がない。「まだ食べられる？」。ゼスチャーで聞くと、お兄さん、同じくゼスチャーで「大丈夫だよ」。
　メニューは小さな紙切れ一枚、手書きイタリア語でごちゃごちゃ書いてある。数週間のイタリア旅行で覚えた単語は数語だけ。言ってることはなんとなく分かっても、メニューなんかは読めないぞ。
　しばらく格闘するものの、読めないものはどう転がしても読めない。肩をすくめて「分からん～」という表情でお兄さんを見やると、彼はこちらに歩み寄り、ゼスチャー交じりに説明を始める。でもねぇお兄さん、ありがたいけど、魚の名前よ、日本語でだって分からないのがあるくらいなのに、イタリア語で

はちんぷんかんぷんよ。

　相変わらず「分からん〜」という顔をしていると、お兄さんがゼスチャーで、こっちへ来いと合図する。連れて行かれた先は食堂の厨房。そこでお兄さん、なんと収納庫や冷蔵庫からすべての素材を取り出して、メニューと照らし合わせて端から説明を始めた！　なんとか分からせようと一生懸命なその姿がいじらしい。厨房の隅でおしゃべりに興じていた2人の調理人も、なんだなんだとやって来て、ああだこうだとにぎやか料理説明会。

　言われることは分からなくても、素材を見れば一目瞭然。新鮮素材を前にして、どれもこれもが魅力的。選びきれずにすべてを指差し、これもいいな、あれもいいな、ちょっとずつ全部食べたいな！　とゼスチャーで示すと、彼ら、一斉ににっこり笑って肩をたたき、OK分かった、まかせとけ。

　テーブルに戻ってしばらくすると、できたて料理が運ばれてくる。お皿には、言った通りにいろいろな魚が所狭しと載っている。素晴らしい！　陽気に親身に教えてくれた彼らにこの喜びを示すべく、かなりの量のその料理、片っ端から平らげて、最後は苦しいお腹をかかえつつ、それでもパンでお皿に残ったトマトソースもすべて拭い取り、ぴっかぴかに食べ終える。

　しばらくして奥から出てきたお兄さん、洗ったようにきれいなお皿を見て大感激。両手を大きく広げ、ひしと私を抱きしめて、背中をパンパンたたいて大喜び。食べ終えた達成感に浸る私と、2人してまるで食い倒れコンテストにでも優勝したかのようにひしと抱き合いほっぺに喜びのキスをする。「明日も来る

よな、来てくれよ！」、「来る、来る、絶対食べに来る！」。

　こういう素朴な感動が、旅を病みつきにしてしまうのです、ベルトの穴位置が変わろうとも……！！

マ ル タ

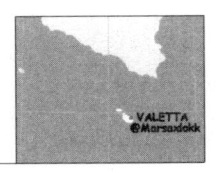

タコはイカとは非なるもの
―マルサシュロック（1999年6月中旬）

　例えば日本人にとって、「牛肉」「豚肉」「鶏肉」と言えば肉の大部分を言い表せるのと同様に、肉食ヨーロッパ人には魚＝「サケ」か「タラ」。イカの種類に「ヤリイカ」「モンゴイカ」「ホタルイカ」なんていうのがあるのを知っているヨーロッパ人に出会ったことは皆無に等しく、それどころか、「イカ」と「タコ」の違いを知らないヨーロッパ人が山といる。知らないのも当然といえば当然で、例えば蘭和辞典には、1つの単語に「イカ」と「タコ」の2つの訳が当ててある。つまり、彼らにとってはどちらも同じ、「墨を噴く魚」なのだ。教わらないとはこういうことかと、カルチャーショックを受ける手っ取り早い例である。

　人口わずか39万人、淡路島の3分の2足らずの地中海に浮かぶ小さな島国マルタは、そんな中では「違いが分かる」国である。特産品が「タコ」というから、かなり理解は深いはず。

　そんな懐かしのタコの味を求めて、とある日のお昼時、青空市場が開かれるというマルタ東岸、マルサシュロックの漁村に

足を向けてみる。抜けるような濃い青空に、ブルーグリーンに透き通る海。小さな港の入り江には、赤や黄色、緑に塗られた色鮮やかな船が浮かび、ひなびた風景に文字通り色を添えている。

　港沿いに並ぶ海鮮レストランをひやかしながら、選びきれずに向かった市場には、魚介類、古びたおもちゃ、骨董品にバスタオル、様々なものが一堂に会している。なんでもありの屋台の一角、そこになんと、予想以上の「懐かしのタコの味」があった……ふるさとの味、「たこ焼き屋」!　なんと、日本人とおぼしき一家が、たこ焼き機でたこ焼きを焼いている!

　人ごみを掻き分け近づくと、お父さんとおぼしき男性が黙々と串でたこ焼きをひっくり返し、お母さんとおぼしき女性が手早くタコを入れている。お客さんへの手渡しは、小学生の年頃の子供2人が一生懸命手伝っている。それにしても、こんなところでたこ焼きとは!　その驚きは周りの観光客も同様らしく、その屋台だけがやたらと込み合っている。同郷のよしみ、これはやっぱり手伝わねば!　と、その女性に一声、
「ひっくり返すの、手伝いましょうか?」
　忙しい中彼女はちらっとこちらに目をやり、私を日本人と見て取ると、
「あ、じゃあ注文取って」
　そういうわけで、それからしばしボランティア。

　話によるとその一家、もう何年もマルタに住んでいるらしく、小学生の子供達、マルタで生まれ育っているとか。ご両親の出

身は当然のごとく大阪で、使っているのもいかにも家庭用たこ焼き機。あれは大阪から持参したんだろうか。
　ちょうどお昼の頃合いでバタバタ注文に応じていたら、それ以上ゆっくり話す暇もなく、結局しばらく手伝った後、その場を離れたのだけれど、後で気付いた、自分がたこ焼きを味わい忘れていたことに……かなり後悔。

　なにはともあれ大阪人、サバイバルには長けている。今日もマルタの空の下、彼らはヨーロッパ各地からの観光客に、マルタの取れたて新鮮タコで、ナニワ文化を広めていることだろう……。

第1部　ヨーロッパ周遊編

ギリシャ

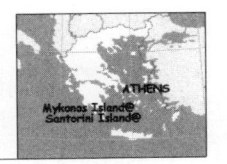

真夏の夜の……現実
　　　　　　　　—サントリーニ島（1999年7月上旬）

　エーゲ海に浮かぶギリシャの島々。夏前に年一度のペンキ塗りを終え、まぶしく輝く白い家並みが群青色の海と空をバックにくっきり際立つ。中でもエーゲ海南部に位置するサントリーニ島は、他の島々とは様相のかなり異なる火山島だ。町は断崖の上にへばりつくように作られ、船から見る遠景は、まるで雪を頂いた山のよう。町を歩くと人々のにぎやかな話し声が、開け放たれたタベルナ（食堂）のドアから細い通りにこだまする。新鮮な魚介類がこれ見よとばかりに並べられ、抜けるような青空と透き通るような日差し、心地よくそよぐ風がいやが上にも開放感を高める。ああ、なんてロマンチック！

　とはいうものの、7月上旬、ギリシャの暑さは半端じゃない。海からの風でアテネより気温は数度低く感じられるものの、夜は完全に熱帯夜。泊まった宿にはエアコンはなく、代わりに風変わりなドアがついている。外に鍵なしスライド式雨戸、中に上半分が内開きの窓のある格子付きドア。窓は、やっぱり開けておこう。

それでもある夜、暑くて寝付けず、だらだら起きているハメに。うとうとしかけた午前3時半頃、突然外のスライド式雨戸が開くような音が。「誰か、部屋間違えてる？」。すぐ引き返していくと思いきや、今度はドアノブをがちゃがちゃさせる。おいおい、ここは私の部屋よ。少しドキドキしながらベッドから下り、ドアのすぐ横の壁に身を潜める。と、なんと今度はドアの上半分の開いた窓の格子の間から、にゅっと腕が伸びてきて、内側からドアノブを握ってドアを開けようとするではないか！
　緊張は一気に高まって、頭が急に回転を始める。もしこの手が私の方に伸びてきたら？！
　一瞬ためらいつつも、思わずその手を思いっきりひっぱたく。とその手は一瞬止まり、影が「アイッ！」と叫ぶ。いざ対決を覚悟して、むんっとドアの前に立ち、
「あんた、何者？！」
　暗闇にうっすら浮かび上がる人影、なんと昼間ちらっと見かけた隣の部屋のイタリア人。
「隣のイタリア人だけど……パンツ忘れたみたいなんだ」
　パンツ？？　その発言、他人が聞いたら誤解を招くわ、あなたをご招待した覚えはないわよ！
　冗談なのか、部屋間違いか、よく分からないまま追い返し、雨戸を閉めてベッドの端に腰掛ける。なにが起こったのかよくのみ込めず、心拍数が一気に上がる。それからすぐ、窓を閉めなければと立ち上がったその時、なんとまた奴がのこのこやってきて、スライド式雨戸を開けた！　あ、あんたね、いい加減にしてくれる？！

「僕、隣のイタリア人で……」

　知ってます、さっさと部屋に帰んなさい！　眠れずいらいらしていたところにドキドキ感が加わった上、更に怒りがこみ上げて、今度はまともに取り合わず、ひたすら「GO AWAY！（いっちまえ）」の繰り返し。奴はすごすご引き下がり、その後は戻ってこなかった。けれどおかげでしっかり目が覚め、そのまま朝を迎えてしまい、その夜はほぼ徹夜状態に。ギリシャの暑さは徹夜の身にはきついのよ……。

　ハプニング、たいてい後々旅を彩るけれど、この手のハプニングは頂けない……。

恋人達の熱いひととき
　　　　　　　　　―ミコノス島（1999年7月上旬）

　黄色く色づく並木道をぴったり寄り添いそぞろ歩く姿。夕暮れ時に浜辺でたたずみ、ベンチで手を取り見つめ合う。駅でのしばしの別れの抱擁、涙をぬぐう彼の指……。
　ヨーロッパ＆外国人。ぴったりくるのはなんと言ってもラブシーン。彼らのさりげない動作は、まるで映画のワンシーン。ああ美しや、恋人達よ、そんなあなたに私もなりたい。

　なーんて、そういう美しいイメージだけを心に描いていると、ぶっ飛ばされるのがここミコノス島。深く青く透き通るビーチ

での、パンチ一発お出迎えシーンは、すっくと浜辺に立つ全裸の男性。心の準備なく純粋に美しいビーチを求めて行くその目に、お腹ぽってり、頭つるりのオジサマが、波打ち際で全身に日を浴びる姿が映る。あ、あれは、つまりその……。暑さでほてった体が一瞬にして凍りつく。

そんなショックから醒めやらぬ目に、次なるシーンはサンベッド。パラソルの下に並べられたサンベッドでまどろんでいるのは、一糸まとわぬオトコ達。彼らは並んで横たわり、お互いの手を取り合って、夢見心地に微笑を浮かべ、いとおしそうに愛撫し合う。

そこへ現れる女性の二人連れ。1人がざばっと海に飛び込み、沖合いへ勢いよくひと泳ぎ。そして浜辺を振り返る。彼女の女友達も、続けてざばっと飛び込んで、彼女の場所まで辿り着き、そして……熱い抱擁、続けて濃厚キスシーン！　おお、女性達よ、おまえもか！

女性のトップレスが今ではかわいく思える……。

真っ白い家並みがギリシャ風情をそそるミコノス・タウン、向かいの島デロス島の遺跡のモザイクも印象的だけれど、やはりここではゲイビーチ、外すわけにはいきません。その名も美し「パラダイス・ビーチ」、「スーパー・パラダイス・ビーチ」、そして「エリア・ビーチ」等々。数多くの透明度抜群なビーチで、是非ヨーロッパ式ラブシーン、見入ってみようではありませんか！

……そのショックから約5年たったある日、世界初の同性婚法を2001年4月に成立させた国オランダにあって、小さな町の教会で、結婚式に臨むカップルを見る。ウェディングドレスに身を包み、馬車の窓から幸せそうに微笑むのは、まぎれもなく2人の女性。彼女達は手に手を取って、教会内へと消えていく。そんな彼女達の背に優しい眼差しを向けられたのも、過去の経験のたまものに違いないと自負している今日この頃……。

鋸を担いでいざ行かん
　　　　　　　　　　　—アテネ（1999年7月中旬）

　7月のアテネは35度を超える猛暑の上に、丘に登ると灰色の空気の層がくっきり見えるほど、排気ガスによる大気汚染がひどい。道行くバイクは爆音を立て、コンクリート作りの味気ない建物とアスファルトの道が、私の持っているギリシャのロマンチックなイメージを否応なく突き崩す。とにもかくにも、うるさい！　暑い！

　町に反響するようなその騒音から逃れんと、パルテノン神殿の建つアクロポリスの丘を遠めに見下ろすリカビトスの丘に登った。古代の息吹が全く感じられないような人口400万人の大都市も、神殿を見ているとやはりどことなく神話の世界を思い出させる。

しばらく丘の上から町並みを眺めていると、下からアジア系の男性が登ってくる。日本人かしら？ 声をかけるのに少々ためらっていると、彼が一言、「あっち〜」。日本人だ。

 ということで最初はその男性Aさんと、後には入れ替わり立ち替わり登ってくる日本人旅行者を交えて、暑さにかまけてだらだら5時間話し込んだ。そのAさんがトルコを旅行中に出会った日本人男性の話。

 その彼は成田発イスタンブール行きのフライトに乗っていた。同じ一人旅ということで、Aさんと2人、話は盛り上がり、長時間フライトを感じさせないまま無事イスタンブールに到着。ターンテーブルでそれぞれの荷物をピックアップし、さて出口へと向かおうとするAさんをその彼が引き止める。「もう1つあるんですよ」。

 しばらくして彼がターンテーブルからピックアップしたのはえらく長細い棒状のもの。
「釣りざお？」
 問い掛けるAさんにその彼、
「いえ、銛です」
 銛？ そう、海に潜って、魚めがけて打ち込み、突き刺して捕らえる、あの銛である。

 なんでもその彼、なにがきっかけか、日本で銛打ちに魅せられ、技を向上させたいと、人間国宝級とかいう銛打ち師まで出向いて直談判。弟子入りして技を習得後、日本国内ありとあらゆる磯を制覇。その情熱はとどまるところを知らず、磯を求め

てその行く先は海外へ。通常旅行者が訪れるような旧所名跡には目もくれず、ひたすら磯を目指すのだとか。「トルコ行きの飛行機の中でも、周りの人に真剣に聞いてたよ、『魚のいっぱいいるきれいな磯はどこですか？』って……」。

　空港で別れた後、その彼、魚がいっぱいいるというトルコ南部の海岸へ向かったとか。そしてその後の消息は知れず……。

　ちなみに「なにがそんなに銛打ちに惹きつけるの？」とのＡさんの問いに一言、
「やっぱ刺身がうまいんっすよね〜」

　納得？！

イギリス

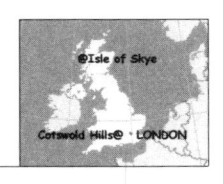

本日晴天、牛日和
―イングランド、コッツウォルズ地方（1999年7月中旬）

　ロンドンから80kmほど西北西へ向かうと大学町として有名なオックスフォードがある。コッツウォルズ地方はその西に広がる、なだらかな丘と昔ながらの石造りの家並みを残す小さな村々が特徴的な美しい地方である。ライムストーンが塀のように積まれた緑の丘のあちらこちらで、羊がのんびり草を食む。私有の牧草地にもライムストーンに沿って誰でも気軽に丘を歩くことができるように、公共の道を表す「パブリック・フットパス」のサインが立つ。そうとなったら歩かねば！

　ということで、手元のガイドブックにあったボートン・オン・ザ・ウォーターという小さな町からの16kmウォーキング・コースを歩いてみることにした。まずはローアー・スローターという村へ。村に続くフットパスにいざ足を踏み入れた、と思ったら、前方がなんだか騒々しい。私に気付いた一人の男性が、しばらく木陰で待てと言う。なにか起こったの？　言われるままに隠れた木陰から向こうを見やると、巨大な2頭の白牛が、広い敷地を右から左へ、奥から手前へ、ものすごい勢いで疾走し

ている。車に乗った男性や、何人かの屈強な男性が、怖い顔で口笛を鋭く吹きながら牛を追い詰めようとしている。「朝の7時からもう4時間もこうしてるんだよ」。なんでも牛が突然暴れ出し、制御不能に陥っているらしい。「よし、今なら大丈夫、急いで向こう側へ」との合図に歩き始めたものの、その目の前を牛がどどどどっ……と駆けていく。牛を追う別の男性が「早く通り抜けろっ!」と鋭く叫ぶ。なにそれ! こっちめがけて走ってきたらどうするのよっ! 慌てて足早に反対側のゲートに辿り着き、ゲートを越える。ここまで来れば一安心。しかしまったく、あれじゃ暴れ馬ならぬ暴れ牛じゃない。牛って時々「もぉー」っていいながらのんびり草を食んでるもんじゃないの?

出だしで少々ドキドキしつつも、その後は順調に歩みを進め、ほどなくローアー・スローターの村へ。次なるアッパー・スローターへの川沿いの小道は気持ちよく、草を食む羊の間を「ちょいと失礼」なんて言いながらピクニック気分で歩みを進める。羊は臆病で、最初はじっとこちら見つめ、それからたたたっと逃げていく。おかげで目の前には道ができ、どんどん進む。快調、快調。

アッパー・スローターには通りが2本しかなく、教会と数軒の家が建つだけだ。それでも道をあれこれ迷い、なんとか次なるノートン村へ。道は小高い丘の上へと続き、開けた景色がコッツウォルズを感じさせる。ラベンダー畑の紫が緑の丘に突

如現れ、コントラストが美しい。農作業にいそしむ人影を遠くにまばらに見る以外、人に出会うこともなく、時々鼻歌なんて歌いながら元気よく歩く。

　ノートンの村も小さく、あっという間に通り抜ける。丘を登ってまた下り、ゲートを通って川沿いの小道へ。幾つ目のゲートだっただろう、そのゲートを越えようとした時、行く手に何頭もの巨大な白牛が草を食んでいるのが目に入る。これは、確か朝疾走していた牛のような……。それまでの経験では、確か羊は逃げるけれど、牛と馬は近寄ってくる。道は１本、他に向かう先はない。仕方ない、気付かれないよう静かに通り抜けよう。

　とはいっても、相手は動物、勘は鋭い。案の定、牛の１頭が私に気付いたのか、動きを止めてじーっとこちらを見、少しずつ近寄ってくる。しばらくじっとしていると、牛はまたこちらに背を向ける。よしよし、その調子。牛の邪魔をしないように通り抜けようとそっとゲートを乗り越えた……途端、牛がこっちを向いてのっしのっしとやって来た！　うわ、来るな！　私はぴたっと動きを止めて、ゲートの近くで様子を窺う。牛は、何頭かこちらを見ているけれど、私が止まっていると止まっている。そのまま、そのまま。心で願いつつ、放牧地の隅を歩き始めた、その瞬間……牛の集団が一斉に、こちらめがけてのっしのっしとやって来て、囲まれてしまった、巨大白牛軍団に！その数全部で十数頭。目の高さはあるかという巨大な牛が、身長154cmのおチビの目の前に迫り来る！　ゲートへ行く道はふ

さがれ、後ろは小川、三方牛軍団。それがじり、じりとにじり寄ってくる！　ひえー、万事休すっ！　そのうちの1頭、ひときわ大きいリーダー格は、残すところあと5cmのところまで来ると、おもむろに頭をもたげ、くんくんと私の臭いを嗅いだ……臭い、嗅がれた！　あなたは草食、私はお肉、食べたらお腹壊すわよ！　こんな所で牛の餌食になるのは嫌よー！　私はもう必死に、「分かった、こっち行くから、こっち」と小川沿いを腕で指して進もうとする。けれども牛はその腕の動きに驚いたのか、2、3頭が身を翻してどどっと逃げる。その足音の大きいこと、怖いこと！　頭にはスペインで見た闘牛の血なまぐさい一場面が浮かんで消えず、これにて命運尽きたりか？！
　もちろん、実際はなんとか切り抜けなきゃいけない。とりあえずもと来たゲートに戻るべく、今度はゆっくりゲートを指して、「分かった、帰るから」と言って戻りかける。牛は、私が戻るスピードより早く近寄ってくる。頼むからじっとしてて……と、祈るように、両手を広げて「待って、待って」と言いながら、すんでの所でゲートに辿り着き、間一髪で乗り越えた！間を置かずに牛はゲートににじり寄り、頭をもたげてじーっとこちらを見る。全頭来るんだもん、迫力ありすぎるよ……臭い嗅ぐんだよ、まいったよ……。

　おかげで、進むべき道に進めず、入ってしまった、私有地へ。こうなったら車道に出よう、もう放牧地はごめんだわ！　ということで、半ばがむしゃらに、遥かなる車道への道を突き進み、その後は疲れた体を引きずりつつ、ひたすらボートン・オン・

ザ・ウォーターを目指したけれど、これがまた遠かった……。

　後日談。後に宿泊したユース・ホステルでその話をしたところ、居合わせたイギリス人が一言、「この夏は牛関連の事故が2件あって、1人は重症、1人は死んだんだよ」……！！

たかる奴らにゆする私？！
—スコットランド、スカイ島（1999年8月下旬）

　昔大学での講義中、ルーマニアを旅行したことのある教授が、安宿宿泊体験を語ってくれた。大学生だったその頃の私は、まだ海外どころか国内でさえ飛行機にすら乗ったことのない「ウブ」な時代で、どんな小さな話でもすべてが新鮮に聞こえたものだ。

　その教授、フランス留学時代に機会を利用して、ある時ルーマニアに貧乏旅行をした。まだガイドブックも今ほど豊富に出回っていない時代、宿泊先を選ぶにもどうやって選ぶかよく分からず、かといって駅前高級ホテルに泊まれるような身分でもなし、ということで適当に目に付いた裏通りの安宿に宿泊することに。その宿は、数日雨風をしのぐには耐えうる程度の内装で、とりあえずそこに数日身を落ち着けることになった。
　さてその夜、部屋に戻り、身支度を整え電気を消してベッドに横たわる。と、しばらくしてどこからともなくカサカサ、カ

サカサ、と音がする。真っ暗な中、なんの音かもよく分からず、確かめるため電気をつけた、その彼の目に入ったのは、真っ黒になった洗面所の流し台。さっきまでは白かったはず……。まぶしい明かりに目を細めつつ、目を凝らしてよく見ると、なんとそこには何十匹ものゴキブリが！ ワサワサとたかったゴキブリ、驚き恐れる彼を尻目に、明かりと共にさあっといずこへと散っていく。もちろんその夜、煌々(こうこう)と点った明かりの中で、彼がまんじりともせずベッドに座って一夜を過ごしたことは、想像に難くない。

　元の色が分からなくなるほど虫がたかるなんて、さぞや恐ろしい光景だったに違いない。お気の毒……と思ったものだが、自分が同じ目に遭うとはまさか思いもしなかった。いや、ゴキブリほどに見た目はグロテスクではなかったものの……。

　スコットランド北西部、スカイ島と呼ばれるその島は、鳥が翼を広げた形に似ていることから、ゲール語で翼を表すスカイとの名が付いたらしい。
　その日はスカイ島南西部、クリン丘陵と呼ばれる山々を間近に見ようと、起点になるスリガヒェンという場所に向かった。天気がめまぐるしく変わることで知られるスカイ島、前日までの青空とは打って変わってその日は朝から曇り空。湿気を含んだ空気がどんより重い。バス停に降り立ったその瞬間、重い空気が煙のように灰色がかっているのが目に入る。なんと、小さな虫が大発生！ ぶ〜んともぷ〜んとも音を立てず、止まって

いるのも気付かないほどの小さな虫が、それでいて髪といい顔といい、からまる、たかる。集団ともなると手を振り回しても効き目がなく、うっとうしいったらありゃしない。なんなのこのちっこい奴らは！

　じっとしていると肌にまとわりつくので、逃げるように山に向かって歩き出す。クリン丘陵を左手に臨みつつ川沿いに丘を登っていくと、急斜面を伴った山肌がぐんぐん眼前に迫り、注意は次第に虫から山へ。クリン丘陵は最高峰でも993mしかない山々の集まり。それでも山肌は一気に海に滑り落ち、北緯57度ともなると、高度に対する森林限界が低くなるため、低い山でも木が生えず、「地の果て」感覚が倍増される。素晴らしい！ここは一丁写真タイム。じわりと汗も吹き出して、出発時に着込んでいた黒く分厚いフリースとも、一時おさらば。

　カメラを取り出し、はい撮影。雄大だなぁ……と感動も束の間、それまで気にならなかった例の「ちっこい奴ら」がたかってくる。これじゃ感傷に浸るどころか、座って休憩すらできない。慌てて歩き出そうと、岩の上に置いたフリースを手にすべく振り向くと、そこには灰色に変色したフリースが。灰色？目を凝らしてよく見ると……なんと、「ちっこい奴ら」が所狭しとたかっているじゃあないですか！　な、なんでっ？！

　気持ち悪さと恐怖におののき、半ばパニック状態で、それでもフリースを奪還すべく、所構わずゆすってはたいて、なんとか元の黒色へ。もう2度と手放すまいと、かろうじて黒に戻ったフリースを着込み、その場を早々に立ち去って（立ち去ったからって虫はそこら中飛んでいるけれど……）足早に歩き始め

文芸社の本をお買い求めいただき誠にありがとうございます。この愛読者カードは今後の小社出版の企画及びイベント等の資料として役立たせていただきます。

本書についてのご意見、ご感想をお聞かせください。
①内容について

②カバー、タイトル、帯について

小社、及び小社刊行物に対するご意見、ご感想をお聞かせください。

最近読んでおもしろかった本やこれから読んでみたい本をお教えください。

※お寄せいただいたご意見、ご感想は新聞広告等に匿名にて使わせていただくことがあります。

今後、とりあげてほしいテーマや最近興味を持ったニュースをお教えください。

ご自分の研究成果やお考えを出版してみたいというお気持ちはありますか。
ある　　　ない　　　内容・テーマ（　　　　　　　　　　　　　　　　　　　　　）
「ある」場合、小社から出版のご案内を希望されますか。
　　　　　　　　　　　　　　する　　　　　　　　　しない

ご協力ありがとうございました。
※お寄せいただいたご意見、ご感想は新聞広告等に匿名にて使わせていただくことがあります。

〈ブックサービス株式会社のご案内〉
小社書籍の直接販売を料金着払いの宅急便サービス（ブックサービス）にて承っております。ご購入希望がございましたら下の欄に書名と冊数をお書きの上ご返送ください。
●送料⇒無料 ●お支払方法⇒①代金引換の場合のみ代引手数料¥210（税込）がかかります。②クレジットカードの場合、代引手数料も無料。但し、使用できるカードのご確認やカードNo.が必要になりますので、直接ブックサービス（℡0120-29-9625）へお申し込みください。

ご注文書名	冊数	ご注文書名	冊数

郵便はがき

料金受取人払

新宿局承認

2827

差出有効期間
平成18年11月
30日まで
（切手不要）

| 1 | 6 | 0 | 8 | 7 | 9 | 1 |

843

東京都新宿区新宿1－10－1
(株) 文芸社
　　ご愛読者カード係 行

ふりがな お名前		明治　大正 昭和　平成	年生　歳
ふりがな ご住所	□□□-□□□□		性別 男・女
お電話 番　号	（書籍ご注文の際に必要です）	ご職業	
E-mail			
書　名			
お買上 書　店	都道　　　　　市区 府県　　　　　郡	書店名 ご購入日	書店 年　　月　　日

本書をお買い求めになった動機は?
　1. 書店店頭で見て　　2. 知人にすすめられて　　3. ホームページを見て
　4. 広告、記事（新聞、雑誌、ポスター等）を見て（新聞、雑誌名　　　　　　　　　）

上の質問に 1. と答えられた方でご購入の決め手となったのは?
　1. タイトル　2. 著者　3. 内容　4. カバーデザイン　5. 帯　6. その他（　　　　　）

ご購読雑誌（複数可）	ご購読新聞 　　　　　　新聞

る。丘をすっかり下り切る頃、なんだか腕が無性に痒くなってくる。それも、1箇所や2箇所ではないみたい。慌ててフリースを脱ぎ、シャツをめくると、なんと……そこにもここにも虫刺され！　それも何箇所？　片腕だけでも20箇所は刺されている……！

　それがスコットランドで悪名高きミッジの仕業だと分かったのは後ほど。すっかりはたいたつもりのフリース、その内側にミッジがしっかり忍び込み、哀れ両腕計40箇所以上にその刺し痕が残る羽目に！（思い出すだけでも鳥肌モノ！）
　ちなみにミッジ、見た目はショウジョウバエに似て、痒さはブヨに刺されたよう。その習性を調べたところ、こんな風に書いてある。
　1）清流の傍に生息
　2）主に朝夕出没、霧の日は時間帯を問わず出没
　3）黒いものにたかる
　等々……。

　湿度の高い曇りの日、黒いフリースを着て川沿いを歩いた私が浅はかでした、ハイ。ちなみに痒さは長らく続き、思わず掻いてはかさぶたを作り、すべての刺し痕が消えるまでに1年以上かかったという……。小さいからって、あなどれないのです、奴ら！

ノルウェー

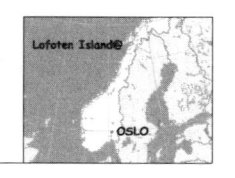

一目惚れ！　そして夢のような日々
―ロフォーテン諸島（1999年9月上旬）

　それはまさに運命の出会いだった。「あ、あなたは……！」。すらりと伸びる堂々とした美しい容姿。輝くような白は白雪姫の肌を思わせ、透き通る青は純粋さを失わない少年の目のよう。手が届く距離に見えているのに、まるで何百 km も離れたところに存在するような、一種近寄りがたい神々しささえ漂わせる。男性的でいてかつ女性の繊細さを併せ持つその姿。目はくぎ付けとなり、心はすっかり奪われる。ああ、完全に一目惚れ……。

　シーズン・オフの9月上旬、人影まばらなツーリスト・インフォメーションに、その彼はいた。ひっそりたたずみこちらを見下ろすその容姿、そのあまりの美しさに声を失う。言葉を交わすまでもなく、その場で即決、「あなたを求めて私は行くわ！」。そんな私の決断に、彼は相変わらず微笑むように私を見下ろしている、その壁から……そう、壁から。申し遅れましたが彼、人間ではありません、念のため。真っ青に澄んだ空をバックに、輝くような雪を頂いた急峻な峰を、まっすぐにフィヨルドに落としている、その名もトロル・フィヨルド(のポスター)！

　首都オスロから列車と船を乗り継いで、北へ向かうこと

800km、ボードーの沖合いに浮かぶロフォーテン諸島に彼は聳える。実際かなり遠い存在……。

　ノルウェー北部、南北に連なる島々からなるロフォーテン諸島。対岸の町ボードーから船に乗り込み4時間半、到着するのは中部に位置するスタムスン。北緯68度線をまたいで連なる島々は、タラ漁を主産業とする漁業の島だ。海辺には赤や黄色のカラフルな木造の漁師小屋が建ち、磯の香りが辺りに満ちる。聞くところでは、南部に更に険しい山々が連なるという。陸路で到達できる最南端、オーの村へ、いざ！

　氷河で削られ形成されたフィヨルドの島、ロフォーテン。それぞれの岩山は尖った頂を持ち、それが連なる様はまるでのこぎりの歯のよう。波のない静かな海面とそこに突き刺さるような岩が印象的なノルウェー南部のフィヨルドと比べ、明らかに北部は山そのものがすでに強烈な印象を与える。オーまでの50kmの道のりは、息を呑み目を見張る光景の連続。鏡のように静かな水面に影を映す山、忘れ去られたようにぽつんと水際に建つ小屋、そしてどこからともなくしのびよってくる霧……。

　辿り着いたオーの村で、道連れになった女性2人とフィッシャーマンズ・キャビンを借り切る。赤錆色に塗られた温かみのある木造キャビンは、半分海にせり出していて、波の音がかすかに足元から聞こえてくる。東側にしつらえられた窓からは、水平線から昇る太陽の光がまっすぐに射し込んでくる。寝室3

つに広々としたリビングルームとシャワールーム、それでいてお値段はユース・ホステル並みということで、3人そろってすっかりご満悦。

　そしてその日の真夜中に、オーロラが夜空に現れた。白くてまるで雲のよう、それが消えたり現れたり、どんどん形を変えていく。まるで蛇がのた打ち回っているかのように、うねっては消え、現れてはうねる。その度に「シュッ、シュッ」と夜空でかすかに音がする。

　最終的に計9ヶ月に及んだヨーロッパ旅行、どこが一番よかったかと聞かれる度に、間髪入れずに飛び出す地名が「ロフォーテン」。そして自然に対する畏怖の念を起こさせた光景が、ムンケブ山からの360度の大パノラマ。オーから往復8時間、山頂付近から見た光景は、まさに筆舌に尽くしがたい。けれど、敢えて描写を試みると……。
　島の北から南に至る、折り重なるように続くぎざぎざの山頂が、視界前方に吸い込まれていく。海を挟んだ対岸に、本土の山のぎざぎざが、墨絵のように遠目に連なる。眼下を見やると動きを止めたフィヨルドの水面が、急峻な山すそをのみ込んでいる。背後にはたった今登ってきたごつごつの岩場がところどころに青い水を湛え、そして左方にはただひたすらに大海原が。時折聞こえる鳥のさえずりの他に、耳に届く音はなく、ただただため息をつくばかり。

それはまさに北の果てのパラダイスの日々……。

ところで一目惚れの「彼」はというと、翌日からの雨の中、船上から雲間に臨む彼は、私の浮気心を覆しきれず……熱しやすく、冷めやすい？！

スウェーデン

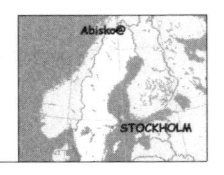

そしてたまにはお勉強
― アビスコ国立公園（1999年9月中旬）

　中学生の頃、父に連れられて時々通った地元の図書館。自然好きの父が足を向ける写真集コーナーで、ある時目にした「世界の国立公園―ヨーロッパ編」。遠くまで広がる森林地帯の奥にあるのは、U字谷を抱く山。「王様の散歩道」と説明書きのあるその場所の印象は後々まで消えず、旅行前の下調べ中、13年ぶりに同じ本を手にしてみる。「スカンジナビア半島、スウェーデン北部ラップランド地方。全長450kmに及ぶトレッキングルート、王様の散歩道（クングスレーデン）の起点として知られるアビスコ」。

　よし、この機会に是非行ってみよう。

　旅を始めて5ヶ月半、やっと念願のアビスコ国立公園へ。「あ、あれは……！」。それはまるで昔の憧れの人との再会のよう、その昔写真で見ただけのU字谷が、まさにそのままの形でそこにある。

　北緯66度33分以北の北極圏に位置するアビスコは、9月中

旬ともなると日差しが非常に柔らかで、太陽のまだ高いはずの午後1時頃でも、冬の午後を思わせる薄いオレンジ色の光が辺りに満ちている。ノルウェー同様力強い岩の大地は、その茶色い岩肌にこれ以上青くなり得ないほどの濃青色の水を湛え、葉をかなり落とした枝のところどころに僅かに黄色を残す木々に覆われている。そんな木々の間から、突然野生のトナカイが！

空気は冷たく澄んでいてすでに晩秋を思わせるけれど、それでいて日差しが肌に暖かい。日没時刻は1週間で30分ずつ早くなり、季節は冬へ向かって疾走している感がある。

そんな大地の魅力に憑かれてアビスコでガイドをしているというお兄さんのツアーに参加し、ちょっぴりアビスコ勉強会。

1) その夏6万人が訪れたというアビスコ周辺は、年中偏西風が吹いている。はるばるメキシコ湾から大西洋を北上し、ノルウェー海に流れてくる暖流、北大西洋海流。その暖流の到達するノルウェー沖で、暖流から蒸発する湿気をたっぷり抱え込んだ偏西風は、ノルウェーのフィヨルド地帯で雪を降らせるために、山を越えたアビスコに到達する頃には乾燥し、冬でも雪が少ないという。そのため動物達は食べ物を見つけやすく、彼らにとっては生活のしやすい場所である。

2) その北大西洋海流の流れが徐々に変わりつつあるという。暖流のおかげで海も凍らず、緯度のわりには寒くない北極圏のこの地域一帯。ところが暖流が北極圏に入る手前、グ

リーンランドの辺りで沈み込み、それより北に流れてこなくなりつつあるため、アビスコの辺りは徐々に寒くなってきているという。
3) 地球温暖化により世界の気温は確実に上昇を続けているけれど、同時にこの辺りの氷河は成長しているらしい。というのも、冬大きく夏小さい北極圏のオゾンホールのため、冬の気温は以前に比べて上昇し、雨や雪が増えているものの、夏の気温があまり変わらないために、冬の間に形成された氷河が溶けないからだとか。
4) 雪の積もるところには植物が育つ。というのも、雪が大地の被膜の役割を果たしているために、その下に生える植物は天候や気温の変化から保護されているからだ。反対に、雪が吹き飛ばされるほど強い風の吹くところ（山頂等）では植物は育たない。
ということを頭に入れておくと、夏でも植生を見るだけで、冬どこに雪が積もるかが分かるという。
5) 急な山肌は年間30cmずり落ちるため、植物は根を張ることができず、植生は平地に分布する。
6) この地域で育つアンジェリカという植物が、400〜500年前の僧侶の庭で栽培されていた。茎が空洞で、枝を取ってパイプのように吸っていたらしい。当時はペストが流行していて、それに効くと思われていたそうだ。

等々……。

かつて脳裏に印象を残したその場所は、地球レベルの地学的

要素を含む非常に興味深い土地だった。なんでもNHKもかつてオーロラ中継をしたことがあるとかで、見るものはまだまだ尽きず……。

ロシア＆エストニア

目覚めパッチリ国境越え
―サンクト・ペテルブルグ→タリン（1999年10月上旬）

　大小40ヶ国以上の国が集まるヨーロッパ。長く旅をしていると何度も国境越えの瞬間が訪れる。とはいっても、ほとんどの国が地続きのヨーロッパで、特に西ヨーロッパ主要国はEU内国境の通行自由化・簡素化を目的とするシェンゲン条約に加入しているため、国境でのチェックがほとんど行われない。とりわけ陸路で国境を越えると、知らない間に国が変わっているので、放浪気分を味わいたい身にはちょっぴり肩透かしを食らう。

　そんな風だから、ロシアとエストニアの国境越えは、まさに「期待通り」の国境越えだ。夜中1時に列車で到着した国境駅でのパスポートチェック。突如廊下に響く複数の靴音。ぐっすり眠る乗客を乗せた4人用クシェットのドアががらっと開けられ、同じ手が断りもなく車内灯のスイッチを入れる。突然煌々と点る明かりに、何事かと眠い目をこすりながら起き上がる乗客に、灰緑色の制服に身を包んだ強面（こわもて）の係員がドアに立ち、チケットとパスポートの提示を要求する。求めるのではなく、文字通り「要求」するのだ。差し出すパスポートを無表情でチェックすると、彼らはそれを無言で突き返してくる。

隣のコンパートメントへと移動する彼らを見ながら、いかにもありげな東側の国境越えだと思いつつ、再度シートに身を横たえ、毛布を被って目を閉じる。とその時、今度は別の係員が2人、これまたノックもせずがらっとドアを開け、下段の乗客にシートから立ち上がるよう要求する。ボディチェックでも始まるのかと思ったら、係員はおもむろに、今まで乗客の寝ていたシートを持ち上げ、シート下の空洞部分になにも隠し持っていないか（または誰も隠れていないか？）をチェックする。シート下に収納庫があることすら知らない乗客たちは、ほお〜と半ば感心した面持ちでそのチェックぶりに見入るのだ。

　彼らがどやどや出て行くと、すっかり目の覚めた乗客達は、顔を見合わせてやれやれ、といった感じで、再度シートに横たわる。

　ところがこれで終わらないのが国境チェックで、今度は先ほどとは違った制服の係員が乗り込んでくる。どうやら先ほどの2回はロシア側のチェックで、今度はエストニア側の係員がチェックに来たようだ。そして、同じことがまた一から繰り返される……。

　そんなわけで結局延々1時間以上も、国境駅で停車したままの列車に両国の係員が入れ替わり立ち替わり訪れては、かばんの中をチェックしたり、一人ひとりに質問したり。チェックを終え列車が再び走り出した2時過ぎには、乗客はすっかり目覚めてしまい、シートに横たわるものの、寝返りばかりを打つことに。

旅人気分はたっぷり味わえるけれど、少々体にはきつい東側の国境越え……。

第 1 部　ヨーロッパ周遊編

ド　イ　ツ

伝統の大工修業
―ディンケルスビュール（1999 年 10 月上旬）

　ドイツと言えば定番のロマンチック街道。ドイツ中部の古都ヴュルツブルクからアルプスの麓フュッセンまで、全長約350km、27 の町を結ぶ街道は、中世においてはイタリアまで延びる商販街道として利用されていたという。街道の中ほどより少し北側に位置する町ディンケルスビュールで出会ったのは、そんな歴史に加え、ドイツの長く保たれてきた伝統を地で行く青年だった。

　夜 9 時半から約 2 時間かけて行われる夜警のおじいさんの巡回。時代がかったマントとキュロットに身を包み、角笛を首から下げ槍とランタンを手にした彼は、町じゅうの小さな通りを抜け、あちこちに建つガストハウス（レストラン付きの民宿風宿）の前で人々の幸福を祈る。ガストハウスの前で彼が立ち止まると、彼に付いて周る観光客も彼を囲んで立ち止まる。彼はおもむろに角笛を持ち上げ、それを 3 度吹き鳴らすと、続いて短い歌を歌う。「ここにいるみんなに神のご加護がありますように」。そしてまた 2 回角笛を吹く。するとガストハウスからワイ

ングラスを持った従業員が出てきて、おじいさんに差し出す。おじいさんが一口、続いて付いて周る人々が順々に少しずつワインを口にし、グラスが空になると、おじいさんは一言二言従業員と言葉を交わし、それからまた巡回を始める。

　そんな人々の輪の中に、おじいさんに負けず劣らず変わった格好をした男性がいた。年の頃は20代半ば、変わった形の黒いつば広帽子に黒いラッパズボン、そしてコールテン素材の黒いベスト。まるで魔女の出てきそうな古城で案内役のバイトでもしていそうな格好だ。夜警仲間かと思いきや、彼は大工だという。ドイツ人のその彼曰く、ドイツとオーストリアを大工見習として修業しながら周っていて、すでに約1年。あと2年間修業して周るといい、それが終わると大工のマイスター（親方）への道が開かれるのだそうで、その変わった格好は伝統的な修業中の大工の服装らしく、その格好で職人組合と契約しているレストランや宿に行くと、食事や宿が無料で提供されるのだという。

　この修業制度、ドイツでは「ヴァルツ」と呼ばれ、11世紀から続く歴史ある制度という。手工業職人の教育システムであるドイツのマイスター制度は、徒弟、職人、親方（マイスター）の3段階に分かれ、ヴァルツは大工のマイスターになるための修業とのこと。3年と1日の修業中、親の葬式を除いて実家に帰ることは許されず、そればかりか家から100km以内に近づいてもいけないとか。外出の際は許されたわずかな荷物を風呂敷に包み、移動手段は徒歩かヒッチハイクのみ。現在ではもう1つ

のオプションである工房での3年間の労働を選ぶ若者が多いそうだけれど、それでも約150人の若者が、放浪しながら修業を積んでいるという。

　交通機関や電子メール、携帯電話が広く普及している現在において、このような古い制度が存続していることに非常に驚かされると同時に、屈託なく躊躇せず周りの人々と接する彼の姿に、修業を通して磨いているのは単に技術だけではないということを見た思いがした。一人前になるためにそれだけの時間を費やすことのできる社会とは、なんと懐の深い社会だろうか。

オーストリア

静寂の情景
―ハルシュタット＆ゴーサウ湖（1999年11月中旬）

　湖畔の駅に列車が到着した時、まだ夕方の6時過ぎというのに、辺りはすでにすっかり夜の闇に閉ざされていた。遠くにぽつり、ぽつりと浮かび上がるオレンジ色の明かり。町は湖の対岸にあるらしい。駅からすぐの湖畔には、一隻の渡し船がひっそりと停泊している。学生風の青年が、リュックを肩に、慣れた様子で船に乗り込んでいく。一体どのようなところに到着したのだろう。とにかく、この船を逃しては後はなさそうだ。青年の後を追って乗り込む。と同時に、船は滑らかに湖上を滑り出す。列車はすでに走り去り、耳に届くのは船が掻き分ける湖面の波の音だけだ。

　ほどなく到着した対岸の町は、時々漏れる窓明かりが人の存在を感じさせる以外に人影はなく、船を降りた青年はあっという間に角を曲がって姿を消し、辺りは人の気配を失って、一層静けさに支配される。

　静けさにのみ込まれそうになり、荷物を担いで慌てて歩き出す。しばらく歩いて目に入ったガストハウスに宿を決め、部屋に上がる。そこにある簡素なベッドとテーブルは、長い1日の

第1部　ヨーロッパ周遊編

終わりに小さな安堵感を与える。荷物を置いてほっとした気持ちで窓を開け外を見やる。闇の中にうっすらと見えるのは、窓明かりに照らされた湖畔の波打ち際だけである。

　オーストリア中部、ザルツカンマーグートと呼ばれる湖水地方の町ハルシュタット。だから町とのご対面は、翌朝目が覚めてからだった。プレゼントの箱を開ける時に似たドキドキした気持ちでカーテンを一気に引くと、目の前に広がるのはうっすらともやのかかった湖。急いで窓を開けると、きりっとひきしまったひんやりとした空気が足元に流れ込み、瞬時に目を覚まさせる。雪を頂いた山が対岸の湖畔のふちまで迫り、その直下を列車の線路がなぞるように走っているのが見える。昨夜到着したのは、あのそそり立つ山と湖の隙間だったのだ。

　秋の山歩きシーズンを終え、スキーシーズンを控えた11月中旬はアルプスのシーズン・オフとあって、インフォメーション・センターにはほとんど人影がなく、壁にかかる地図を眺めるおじいさんが1人いるだけである。ハルシュタットから南西に17km、鏡のような湖面を持つというゴーサウ湖行きバスは、すでにシーズンを終え運行されていないという。これはどうしたものか。
　インフォメーションを出て、町を歩いてみる。背後まで山の急斜面の迫る小さな町は、山と湖の間のわずかな隙間に家並みを寄せ合い、競りあがるような上り坂に沿って木造の家並みを延ばしている。湖畔の教会から響く鐘の音が、柔らかい日差し

に暖められた空気の中で平和的で牧歌的なひとときを告げる。

　その教会を見下ろす坂の途中で、先ほどインフォメーションで見かけたおじいさんが写真を撮っている。オーストリア東部から来たという彼は、何日かかけて車でこの一帯を周っているという。行きたいところに思うように行けないバス移動はなかなか苦労がある、と漏らすと、これからゴーサウ湖に行くから是非乗っていきなさいと言う。

　前ゴーサウと奥ゴーサウの2つの湖からなるゴーサウ湖は、ダッハシュタイン連峰を鏡のような湖面に映すという奥ゴーサウが特に知られている。前ゴーサウから深く積もった雪道を1時間半、高度を200m以上上げていく登り道を、動作はゆっくりだけれど雪道には慣れているおじいさんと、元気一杯だけれど雪道ではこわごわしている私が、滑って転んで悪戦苦闘しながら歩き、ようやくのこと山に囲まれた湖のほとりに辿り着く。

　目の前に突如現れる光景。すっかり葉を落とした木々の枝の向こうには、水量が減り湖面の低くなった湖が、ぴたりと動きを止めている。私達の吐く白い息と、時々思い出したようにはらはらと枝からこぼれ落ちる雪の他に、動いているものはない。降り積もって以来なにものにも触れられていない雪が、周りにあるべき音をすべて吸い込んでしまったかのように、辺りは静寂に満ちている。時間までがまるで流れることを止めたかのようだ。そして湖面は、まるでそこに水など存在しないとでもいうように、ただひたすらに完璧に空と山とを映し出している。なんと神々しく、神秘的な空間だろう。湖面の美しさだけでは

ない、そこにあるものすべてを包み込む一種独特の山の空気が、私達2人の口を閉ざす。

　それは長い旅の1日に訪れた、静寂に満ちた情景。印象的なその湖面を思い出す度に、音のない風景が心の奥によみがえってくる。

英語上達必勝法？！
　　　　　　ーハイリゲンブルート（1999年11月中旬）

「英語」と聞くだけで恐怖心、かかってくる電話に「one moment, please」もすらりと出てこなかった会社時代。義務や正確さから解放されて、「通じりゃいいのよ」精神で、「repeat after me」ならぬ「repeat after yesterday」。まずは相手の話に聞き入り、次にこちらの話を少々。旅の話に生い立ちに、名前の由来に食べ物話。相手の興味に応えるように試行錯誤を繰り返し、何度も話しているうちに、苦手意識が消えていく。最難関は最初の一歩、勇気一発話しかければ、会話は後からついてくる。

　オーストリア・アルプスの最高峰、3798mのグロスグロックナーに続く村ハイリゲンブルートから山を下る公共バス。1時間かけて鉄道の通る町リエンツまで下りる田舎のバスは、実質子供達のスクールバスだ。村を巡ってあちらこちらで子供を拾い、あっという間にバスは満杯。きゃーきゃーはしゃぐ子供達、

こちらにちらりと目をやって、お互いひじでつっつき合っては、「おまえ話せよ」、「ボク勇気ないよ」と躊躇する。そのうち一人が勇気を奮って、つたない英語で話しかけてくる。第一声は「ねえ、中国人？」。日本人だよと答えると、後ろに控える興味津々の面々を振り返り、ドイツ語に訳して「日本人だって！」。仲間につつかれあれ聞け、これ聞けと、彼は一躍即時通訳。「ドイツ語しゃべれる？」、そう聞く彼に、しゃべれないよと答えると、「ボク質問あるんだけど」。質問といえばこれまでは、日本語について、日本文化について、はたまた日本の習慣について。さてなにを聞かれるかと思いきや、「ドイツ語話さないで、バスの切符、どうやって買ったの？」。

　更に後ろにつっつかれ、即時通訳、訳に窮して、おもむろにリュックサックをがさがさ探す。「イングリッシュ、イングリッシュ……あ、あった」。取り出したのは英語の学習ノート。ページを繰って、「どっかで習ったんだよね……ねえ、おまえのノートに書いてる？」。聞かれた隣の男の子、一緒になってリュックをがさがさ。「あ、これだ」と、ノートを見ながら更に質問。少年曰く、今12歳で、3年間英語を習っているそうな。そのうち年長の女の子も話しかけてくるのだけれど、これがなかなか流暢で。人懐っこい村の子供達、なかなかやるな！

　同じ外国語とはいっても、横文字の文化圏内で、彼らの英語のスタート地点はすでに何歩も先にある。けれども結局一番の近道は、素朴な疑問を気負わず素朴に口にすること。なにについて話をするにも、興味あっての会話だろうから！

第1部　ヨーロッパ周遊編

オランダ

1つの旅の終焉で　―ハーグ（2000年1月中旬）

　そしてとうとう辿り着いた、旅の終わりの瞬間に。

　見るものはまだまだ目白押し、旅を続けていくうちに、同じ場所でも見方が変わっていたりして、新しい発見は尽きることがない。果てしなく続く新しい人たちとの出会い、興味深い場所、そして感動。

　同時に感じる、終わりのないものへのかすかな焦り。終わりの定まっていない旅は、日常生活に似ている。列車に乗り、バスに乗り、通りを歩く。人と話し、ご飯を食べ、そして眠る。常にアップ・テンポを保つために、時々立ち止まっては振り返り、旅の始めの好奇心を思い出す。見ているものが目の前を通り過ぎるだけになってしまわないように。旅慣れはしても、旅ずれだけはしないように。そして、旅が長くなればなるほど、旅を納得いく美しい形で終わらせる理由が必要になってくる。中身が多くなればなるほど、「最後の〆（しめ）」が必要になってくる。そんな瞬間を探りながら、旅を終わりに導く。

　そんなことを思いながら、実際の旅の終わり方は実にあっさ

りしていた。最終地点オランダから、またここへ戻ってくるための日本行き往復チケット。続きを含ませた終わりは、次への始まりでもある。まだまだこれから、好奇心は尽きないのです！

メモ：旅のあれこれ

宿泊

　面倒くさがりのため、重い荷物はご法度で、寝袋生活は選択外。たいていユース・ホステルやドミトリー形式の宿、または安宿に泊まる。ユース・ホステルの利点としては、

1) 大体中身は分かっているので、善し悪し比較をする手間が省ける
2) バスの運転手に「ユース！」と言えば、たいていみんな知っているのでわりと楽に到着できる
3) 夜話す相手ができるので活動的でいられる

等々。

　非常に雰囲気のある宿で印象に残っているのは、ノルウェーのフィッシャーマンズ・キャビンとドイツやオーストリアの田舎町のガストハウス。ガストハウスでの朝食は、「日曜日の朝遅くの朝食」の雰囲気があり、とてもゆったりとした優雅な気分になれるのが魅力的。

お金

　ビザ・カードのデビット機能をフル活用。引き下ろし手数料なしで、たいていATMにてキャッシング。万一のため日本円建てトラベラーズチェックを併せて持参。

ガイドブック

　じっくり周るにはヨーロッパを網羅したガイドブックで

は事足りないので、各国ごとのガイドブックを各国の訪問予定地の中央郵便局に、日本から郵便局留めで到着10日ほど前に送っておいてもらう。ほぼ確実に到着するけれど、たまにハプニングにも見舞われる。

　マルタに10日ほど滞在中、イタリアから事前に送付依頼していた次の行き先ギリシャの本が届かず、結局最後まで届かなかった。数ヶ月たってから実家に返送されてきたとのこと。毎日通ったマルタの郵便局では「よく間違ってマリに行くことがあるんだよね」と言われる。マリってアフリカよ！

　イタリア、シエナでの受け取りは、かなり時間がかかってドキドキもの。恐らく日本から2週間以上。

　フィンランド、ヘルシンキでは、気を利かせたのか母親が、本以外に化粧品等々入れていて（生協の「クリームシチューの素」が入っていたのには驚いた）、小分けして入れていたにもかかわらず、購入価格をそのまま記載していたために税関で引っかかり、危うく通関税を払わされることに。

現地情報収集

　日本のガイドブックだけではなかなか見つからない更に細かい現地情報の収集方法は主に下記の通り。

1) 現地のインフォメーションでもらう広域地図のお勧めマーキングをもとに、行き方をチェック
2) 途上で出会う他の旅行者の話をもとに、行き方を

チェック
3）本屋さんで地元地域を扱った写真集を探し、気に入った場所の名前をもとに、行き方をチェック
4）街角で売られている絵葉書で気になる場所をチェックし、裏に記載されている名前を地図上で探し、行き方をチェック

行き先選び

　足腰立たなくなってからでも行きやすい大都市はなるべくカット。長期の利点を生かし、交通の便の悪い田舎町をメインに1箇所2泊のペースで周る。

服装

　最初は春・夏用だった服も、後には秋・冬用が必要になる。要らない服はその都度日本に送り返し、必要な服は現地調達。

写真

　当時はデジタルカメラではなく、普通のカメラしか持っていなかったので、たまったフィルムは何本かずつまとめて現像前に実家に送付。現像の質はやはり日本が非常に信頼できる。

インターネット

　場所によって異なるシステムがあり、大別すると以下：

1) 時間＆値段固定で1回使い切り、時間が残ったらあきらめる（インターネット・カフェ）
2) 30分、1時間等いくつかの利用時間枠の中から1つを選び、チケットを購入。パスワードを受け取って、時間切れになるまで何度でも利用（大都市のインターネット・カフェ）
3) 利用した時間分だけ支払う（インターネット・カフェ）
4) 事前に一定の時間枠を予約し、無料または低料金で利用（図書館等）
5) 予約なし、完全無料（図書館等）

　上記以外に、駅やテレコムのショールーム、商工会議所や、銀行の中でインターネットを利用したこともあった。フランスではキーボードの文字配列が異なるので、慣れるまでは暗号文を作成することに。

　日本語は使えたり使えなかったり時々だけれど、基本的に、使えればラッキー程度に思っておくといい。

メールアドレス

　スウェーデンで出会ったスペイン人に初めてhotmailのことを聞き、デンマークの図書館でアドレスを取得。人生初のメールアドレス取得は、画面表示がデンマーク語だったため悪戦苦闘、周囲に助けられなんとか取得。

　それ以降、毎日メールチェックに時間を割くことになり、メールに振り回される日々……。

第2部
ロシア＆中部フランス編

　9ヶ月間で仕納めになると思っていた旅。充実した旅への郷愁は留まるところを知らず、ほれ込んだヨーロッパに生活拠点を移してからも、仕事の合間に思い立ってはふらふらと旅に出る。その度に、旅は異なる感動を与えてくれる。やっぱり旅はやめられない！
オランダを拠点に旅した中で、比較的長期に旅したロシア＆中部フランス編。

ロ シ ア

モスクワ　　　　　　　　　　　（2003年9月中旬）

　4年ほど前、サンクト・ペテルブルグに2日間滞在しただけのロシア。「あそこは西ヨーロッパの雰囲気が色濃く残ってるから、ロシアと言ってもモスクワとは感じが違うよ」と聞く。ならばこの目でモスクワを！

レーニンのお墓参り

　モスクワの中心、赤の広場。広場のクレムリン側に位置する黒く平たい大理石の建物、「レーニン」と書かれたその建物に、かの有名なソビエト連邦創設者、レーニンが眠る。何度か立て続けにモスクワで発生したテロのため、ゲートで囲まれ立ち入り禁止になっている広場には、ところどころに立つガードマン以外人影がない。当然お墓にも到達不能と思っていたある朝、ガードマンに引き連れられてレーニン廟に向かって歩いていく、いかにも旅行者風の人達を見かける。「あれ、入れるの？」。広場周辺をうろうろしてみたら、見つけました、長蛇の列。緩やかな坂にできた列の先頭には空港ばりのセキュリティーゲートとガードマン。方向から見てもガード体制から言っても、絶対レーニンのお墓参り！　聞くところ、毎日朝10時から3時間だ

け入れることになっているらしい。ということで、早速列の後ろにくっついてみる。

　長さの割に進みは早く、30分後、チェックポイントに辿り着く。時々はじかれすごすご引き返す人を横目に、心ははやり、思わず無表情のガードマンに微笑みかけたりなんてする。リュックみたいな大きな荷物は持ってないから、まずひっかかることはないはず。
　表情を変えずに無言でもくもくとチェックをこなすセキュリティーチェックのお兄さんの求めに応じ、にっこり笑ってかばんを開ける。と、彼が一言、「なんだこれは」。指差す先には小型のデジカメ。これはねぇ、私の自慢の超小型デジカメ、モスクワじゃまだ売ってないでしょ～、と自信たっぷり「カメラ」と言ったら……。
「カメラはだめだ、下がれ」
　え……。うろたえる私に目もくれず、彼はすでに次のチェックにとりかかっている。お兄さん、ちょっと、仕事早すぎ！それに、いつもは効果的な笑顔の効き目が全くない！
　哀願の余地も与えられず、しばしその場に立ち尽くす。30分も並んだのに、どうしろってのよ！　そして考え、あきらめた……。確かに書いてありましたけどね、なにかが看板に。でもロシア語じゃ読めないのよっ！！
　居並ぶ人の同情の視線を一身に浴びつつ列を離れ、クレムリン入り口のかばん置き場に一切合切預けて、再度挑戦。列は更に長くなり、ああ、めげそう。けれど、ここまで来たらなにが

なんでもレーニンよ！　燃え上がる闘志に身を焦がし（！）、拝んできました、レーニンを。

　彼、レーニンは、1924年1月に亡くなった折、国家最高機関の決定で、国家最高機密の特殊技術によってミイラになったらしい。外の日差しの強さとは対照的に、内部はかなり暗く保たれていて、そのため角ごとに立っているガードマンに見守られガラスケースに収まってスポットライトが当たっているレーニンは、それはそれは輝いて見える。ミイラとはいえ、肌はコーティングされて滑らかで、まるで「マダム・タッソー蝋人形館レーニン版」。その周りを4分の3周できるのだけれど、ちょっとでもしゃべろうものなら、ガードマンが鋭く「シッ！」と睨みつける。辺りには緊張感が漂い、一歩でも立ち止まることは許されず、国会の牛歩戦術ばりにゆっくり歩こうと試みるものの、あっと言う間にレーニンは視界後方に消え去り……その間約1分。「この男によってこの国は、こんなに存在感のある特殊な国になった」という事実がまるで嘘のよう。棺の中のレーニンはとても小さく見えたので……。

クレムリン＆大クレムリン宮殿
　ノートルダム寺院がパリだけのものではないのと同様に、クレムリン（城砦）もモスクワだけのものではない。それでもやっぱりモスクワのクレムリンは規模が違う。議会の建物だけかと思いきや、敷地内には教会が5つも建ち、その内壁はイコン（キリストや聖母、殉教者が描かれたきんきらきんの画像）で埋め

尽くされて、それはそれは派手だこと！

　敷地内の一角に「大クレムリン宮殿」なるものがあり、一般公開されていないものの、月１回の割合で特別ツアーが組まれるとのこと。たまたま日が合ったので参加してみた。国賓のレセプション等で使われる特別な宮殿内部は、それはそれは豪華絢爛！　特に３年前に改修された中央大広間は、巨大な空間内、白壁に細かく施された金の装飾、巨大な鏡、そしてずっしり重そうなシャンデリアがさん然と輝き、これまで見たどの宮殿よりも、ずば抜けて美しい。フランスのベルサイユ宮殿より、ウィーンのシェーンブルン宮殿より、断然！　そして、異なった時代の異なった形式で作られた空間が入り交じって一つの宮殿を形作り、特徴づけている。フレスコ画で覆われた部屋あり、木彫の部屋あり……見ごたえ十分の大宮殿。

ボリショイ劇場

　世界的に超有名なボリショイ劇場。さてその内部は……。

＜ボリショイ劇場５階バルコニー席＞

　旅行前にインターネットで事前予約したチケットとは別に、たまたま２日目にモスクワ観光を共にした女性のたっての望みで、当日夜７時開演ぎりぎりにボリショイ劇場に行き、ダフ屋からチケット買いました、１人５ドルなり（ちなみにモスクワでのお会計、ロシアン・ルーブルは当然ながら、USドルもOK）。

　さてお座席は……５階バルコニー、左の袖側、前から２列目、なにも見えない！　ということで、勝手に座席を移動。それで

もやっぱりあんまり見えず、結局半立ち見状態に。バルコニー席は人の出入りが頻繁な上に、古い木の椅子で、人が動く度に「ぎぃ〜、きぃ〜」と派手にきしむ。鑑賞したオペラは、舞台が見えない上に音楽が雑音と交じって、なんとも落ち着かない鑑賞に。唯一の特典は天井から下がる豪華絢爛なシャンデリアが間近に見られること。

　ちなみに観たのはチャイコフスキーのオペラ、悲劇『エフゲニー・オネーギン』。オペラは話を知らずに行くとちょっぴり退屈、なんといっても言葉が理解できないので……。

＜ボリショイ劇場１階最前列＞
　やはり観劇は近距離に限る！　ということで、２度目は舞台から５ｍ、超至近距離の１階最前列。バレエ『愛の伝説』、さすがに舞台に近いだけあって、バレリーナが爪先で踊る「ことことこと……」という音や息遣いが間近に感じられる。鑑賞者も、バルコニー席のジーンズ姿の面々とは異なり、美しくドレスアップしたカップル達が優雅に席についている。イメージ通りの雰囲気を体験するには１階がお薦め？

「青い風が今　胸のドアをたたいても……」

　ずいぶん昔イタリアを旅行した際、中森明菜の歌を流暢に歌うイタリア人の船乗りに出くわしたことがある。港町ジェノバ出身のその彼は、かつて日本からの船乗りに中森明菜のヒット曲カセットテープをもらったとかで、荒くれた容貌からは想像もつかないほど滑らかに歌われるなじみの曲に、驚かされた覚

第2部　ロシア&中部フランス編

えがある。

　もしロシア人が日本語の歌を歌ったら……？

　クレムリン前広場の地下に広がるショッピングモール。およそこれまでのロシアのイメージとはかけ離れたモダンなモールには、何十軒ものモード系のショップが軒を連ね、紅茶専門店、インターネットカフェ、フードコートなどそれはそれは充実している。おしゃれなモスクワ女性が足早に行き交うのを見ていると、パリジェンヌも顔負けと思えるほど。

　歩き疲れた遅い午後のひととき、オープンスペースになったフードコートで一休み。人ごみでにぎわっているモール、4人がけのテーブルには、入れ替わり立ち替わり相席を求める人がやってくる。
　そのロシア人カップルは、にぎやかに話しながら軽くこちらを見やって同意を求め、同じテーブルにつく。少々酔っ払い気味のその彼は、ひとしきり彼女にしゃべった後で、ツーショット写真を撮るために、ふとこちらを見やる。「英語でなんて話しかけたらいいのかな、Please take a picture かな」。彼女にそう問う彼の声が、こちらの耳にも届いてくる。頼まれて写真を撮った後、彼が興味深そうに話しかけてくる。
「ねえ、きみ日本人だよね？　今書いてるの、日本語だよね？　僕の妹、独学で日本語やってるんだ。日本のアニメが好きでさ、お気に入りは恋愛もので……」

それから延々 1 時間半、インターネットで知り合ってその日が初デートだった彼ら、おしゃべりな彼は次から次へと日本語や日本について質問し、こちらは必死で受け答え、そして彼女は妹話に巻き込まれることに。

　帰り際、せっかくなので妹さんも交えて会おうということになり、翌日カフェで待ち合わせ。仲良く登場した兄妹は、兄が国防省に勤める 22 歳、妹が 16 歳の学生で、彼女が日本のアニメの大ファンという。
「私のメールアドレス、『ツヅキアサト』っていうの」
　なんでも『闇の末裔』とかいうアニメに出てくるキャラクターらしい。
「都築麻斗、かっこいいのぉ～！」
　そうして彼女、マイクを持つ格好で、お気に入りのアニメ・ソング『残酷な天使のテーゼ』（新世紀エヴァンゲリオン）を日本語で歌い出す。

「青い風が今　胸のドアをたたいても　私だけをただみつめて微笑んでるあなた……」

　う、うまい……！　コーラスもやっていたことがあるというその声は、透き通っていて日本語がナチュラルに響く。目を閉じればロシア人が歌っているなんてまるで思いもつかない。舌を巻く私に彼女もすっかり得意がり、自己流振り付けまで交え、しばしのアカペラコンサート。

人懐っこいモスクワっ子に、これまで抱いていた暗いロシアのイメージが崩れていく……。

コローメンスコエ公園

　天気のいい日曜日、メトロでモスクワ川沿いの広大な公園、コローメンスコエへ。丘の上に広がる広大な芝生の公園には、ところどころに教会や修道院、木造の家が建ち、一部は世界遺産にも指定されている。緑たっぷりで平和的、週末のピクニックにはお薦めの公園だ。

＜りんごの木＞
　広大な公園の一角にはりんごの木が斜面に沿って植えられている。季節柄、実がたわわになっていて、散策途中の人達が、木に登ったり幹を揺すったりしてりんごを落としては、袋に大量に拾っている。とても首都の公園とは思えないのどかな風景だ。モスクワの女性はみんなとてもきっちりした身なりをしていて、公園に来るにもパンプスを履いてる人を多く見かけるけれど、彼女たち、パンプスのまま木登りしていたり……！

＜はちみつマーケット＞
　はちみつというと、子供の頃よく食べたホットケーキに時々かかっていたくらいなもので、たいてい小さなパックに入っているか、小さな瓶に入っているのを手にするくらいだった。だから、見た時にはまさかそうとは思わなかった、全部が全部そ

うだったから……。

　人の流れに乗って公園の縁をしばらく歩いていくと、広大なオープンスペースに屋台が所狭しと並んでいる。50軒？　100軒？　いや、それ以上？　とても活気があって人でごった返している。普通のマーケットかなと思ったら、なんと、全部が全部、はちみつ売りのマーケット。各店先には試食用のはちみつを入れた小さな器が5、6個並べて置いてあり、気に入ったものを2、3種類ある容器の1つに入れてもらうのだけれど、その容器がこれまた大きい。1年でも余裕で保ちそうな、1kg大の容器がどんどん売れていく。その容器に、屋台の後ろにずらっと並んだ巨大ミルクボトルのようなアルミ容器から巨大しゃもじではちみつをすくって詰めてもらい、重さを計って売ってもらうのだけれど、一人2、3個は抱えている。ロシアってはちみつ文化の国だったのね……？

　せっかくなので機会を利用して、あちこちの店先ではちみつを試してみたけれど、はちみつにあれだけ種類があるとは知らなかった。花の種類だけはちみつがあるのかしら？　これまでの数少ないはちみつ経験で少々苦手だった独特のこくと香り、それがフレッシュなはちみつにはほとんどなく、くせがなくてとってもまろやか。更には蜂の巣みたいなものも売っていたけれど、あれはどうやって使うんだろう？

第2部　ロシア＆中部フランス編

黄金の環・その1 ―スズダル（2003年9月中旬）

　モスクワから北東方向200km四方を取り囲むように点在する村々が形作る「黄金の環」。ロシア正教のたまねぎドーム教会と伝統的な家並みを残す町や村は、急速に近代化するモスクワでは見られなくなった古き良きロシアを感じるにはもってこい。モスクワ滞在5日目に、黄金の環を反時計回りにウラジーミル経由でスズダルへ、列車とバスを乗り継いで、1泊2日の小旅行。

あわや国外追放？

　今回ロシアを旅行するにあたってビザを取った時、ビザに記載されている都市しか訪問できないことは知っていたし、私のビザにはモスクワの名前しかないことも知っていた。でも、「なんとかなるでしょ」と思って大して気にしていなかったのだけれど……列車に乗る時は少々注意が必要みたいで。というのも、駅で切符を買う時にはパスポートのみならず、ビザもチェックされるんですね、窓口の切符販売員に。

　あらかじめロシア語で「何時のどこ行きセカンド・クラス1枚」と書かれた紙を手に、楽勝気分で窓口へ。提示した紙とパスポートに目を通した切符販売員、ちらっとこちらに目をやって、
「ふにゃふにゃぐだぐだ」
　聞き返される状況は予想外、なにを聞かれているか見当も付

かず、

「？？？」

おばさん激しく、

「！！！」

とまくしたてる（そう、結構感情的な人、多いです、窓口の人）。思わず周囲を見回して、「どなたか英語、話せます？」。横のおじさんはかぶりを振り、その後ろのおばさんは首を横に振る。と、私の後ろに立っていたお兄さん、「少しだけなら」。少しで十分、お願い、訳して！

彼の片言英語に助けられ、分かったことは、「ビザにウラジーミルって書いてない。他に正式な書類は？」。持ってないわよ、そんなもの、だまって旅行するつもりなんだから……！

だめなのかな、行けないのかな、と思いつつ、「持ってない！」としぐさで示してみたら……「OK」。切符を売ってくれた……じゃあ何故聞くのよっ！

やっぱりよく分からないまま、とりあえず手に入れた切符を持って乗車する。気分よくコンパートメントから窓の外を眺めていたら、来ました、今度は検札のおばさん。「切符とパスポートよろしく」。向かいのおじさんがパスポートを提示し、ビザも細かくチェックされている。これ、やっぱりやばい？　もしかして見つかって警察に突き出される？　もしやオランダ強制送還？！　今後一切ロシア入国禁止？！　ここは一発賄賂か？でもいくらくらいが相場かな……？！

ドキドキしながら成り行きを見守り、必死で策を考える。危

機的状況にあると、頭って結構回転するもので、いつもの倍以上の速さで回転していたような。でも、向かいのおじさんがどうも乗る列車を間違えていたらしく、おばさんそっちでてこずって、半時間ほど熱いやり取り。私のチェックの時にはかなりお疲れ気味で、私はしっかりと同情を込めた瞳でいたわるようににっこり笑って切符（のみ）を提示、彼女は向かいのおじさんに、「ほら、これが行き先なのよ、この子の切符にあるでしょ、ほら！」と言って、私には優しい微笑みを返して去っていった……。

　おかげ様で、無事旅を続けることができました、その後はすべてパスポートチェックなしのローカルバスで……。

スズダルの町

　人口1万4千人ともなると、1千万人以上を抱えるモスクワとはまるで別世界。果てしなく広がる平原に突如開けた修道院群の町スズダルは、修道院やクレムリンが緑の中に点在し、とても絵になる。町の中心にショッピング・アーケードがあり、バスもタクシーもレストランも郵便局も、それぞれきちんと機能しつつ、昔の雰囲気を色濃く残している。

　英語を片言でも話せる人は恐らくホテルの人だけだろうけれど、道行く人は親切で、その親切さは旅行者に対してというよりは、単に隣の人が困っているから助けているというような、当然といった行動だ。

　そして、最も印象的だったのは、おばあちゃん。「バーブシュ

カ（おばあちゃん）」がまるで固有名詞みたいに言われるロシア、確かにおじいちゃんというよりは「おばあちゃん」のイメージがある。働き者のバーブシュカ、野原で草刈り、市場で野菜売り、そして川で洗濯も！　元気一杯、頭が下がります……。

ロシア版カラオケ・バー

　あるんですね、ロシアにも、というより、スズダルみたいな小さな町にも。ホテル探し中たまたま知り合った北アイルランド人2人と、夕食の後飲みに行こうということになり、町郊外の大型ホテル内のバーに行くことに。地図で近そうに見えた距離も、歩いてみると1時間。途中からは街灯もなく、アスファルト道は小石の混じる土の道に。引き返すに引き返せず、後悔の念がかなり膨らんだ……と思ったところでホテルに到着。

　どこからともなく聞こえてくる、明らかに誰かが歌っている声の方に行ってみると……歌っていました、ロシア人、ロシア語でロシアの歌を！　当たり前ながらスクリーンに出る歌詞もロシア語（キリル文字）表示。読めな〜い！　でも、なんとなくどの歌も演歌っぽく聞こえたのは、カラオケ・バーっていう場所のせいだったのか……？

　せっかくなのでウォッカで乾杯。何度かショットを繰り返し、ちょっとばかりへらへらっとしたところで、人懐っこいロシア人の女の子に誘われ、英語とロシア語の、お互い全く通じてないことが明白な言葉で会話しながら踊ることに。

　それにしても不思議なことに、言葉っていうのは、通じなく

てもなんとなく分かるもんですねえ。

黄金の環・その2
ーセルギエフ・ポサド、ロストフ・ヴェリキ（2003年9月中旬）

　ロシア滞在8、9日目は、「黄金の環」をスズダルとは反対方向に時計周りで1泊2日の小旅行。まずはモスクワからバスで1時間ほどの「セルギエフ・ポサド」へ。

モスクワ発セルギエフ・ポサド行きバス
　ガイドブックには「30分に1本の割合で運行」と書いてある。確かに平均すると30分に1本の割合で走っているんだろうけれど、要は「バスが一杯になったら発車」。時刻表の入手はまず不可能（存在しないような……）。バス停到着時にすでに満席のバスのドア付近に、更に連なる人の列。乗り切れない人を残して走り去っていくバスに続くように、次のバスが到着。「なんだ、どんどん来るんじゃない」と気分よく乗り込んだはいいものの、これがなかなか発車しない。結局待ちました、バスの中で40分。まあ、だいたい30分ちょっとってことで、いいんでしょうかね……？

セルギエフ・ポサドの修道院
　「まあまあ」評を事前に聞いていたので、「いかにも観光地？」と思って期待半分で行ったところ、これがなかなか雰囲気があ

る。坂を少し下り気味に歩いたところで家並みが途切れてオープン・スペースに。ちょっと窪んだその向こうにまた小高い丘があり、そこに修道院や教会や塔やらが、上下といい奥行きといい、ぴったりの構図で目の前に現れる。修道院を建てた時に、見る人へのインパクトも考えたのかしら？

　修道院への入り口で、うかつにもカメラを手に提げていたため、ガードマンに「撮影代払うかカメラを入り口に置いていくかどっちかに」とお咎めを受け、「撮影代」なるものを払うハメに。かばんに入れてさえいれば入ってからの撮影が咎められるわけではなく、ちょっと失敗。「撮影代」と引き換えに受け取ったのは、いかにも古くて怪しげな「お土産テープ」。中身は静かすぎて眠くなるような教会音楽……。

　旅行者を多く見かけたので敷地内も観光地化しているのかと思いきや、頭にスカーフをかぶった女性や黒ずくめの修道士があちこちそぞろ歩いていて、それはそれは異国情緒たっぷり。なんでも、ロシアで最も重要な宗教的・歴史的名所の一つらしい。巡礼者も多いようで、教会の入り口で、胸で十字を切ってひざを軽く曲げてから入る人が多く見受けられる。

　ロシアの宗教関連施設は、長い歴史はあるものの、見る限り、ペンキ塗りたてピカピカ状態。なんでもソビエト連邦の時代には、共産党の下宗教信奉は厳しく監視されていて、教会類は放置されたままだったとか。1991年のソビエト連邦崩壊後宗教熱が一気に高まり、あちこちで修復作業が行われた結果、まるで新築と見まごうかの、ちょっときれいすぎてあまり歴史を感じ

させない教会があちらこちらに見られるようになったらしい。確かに古いガイドブックの写真とは、屋根も壁も色が違う……。

ロストフの町

セルギエフ・ポサドの後は、更にバスで3時間のロストフ・ヴェリキへ。

ロストフ到着は午後6時半過ぎ。ちょうど夕暮れ時、やわらいだ光の中で黄色く色付いた並木通りを歩くのはとても気持ちがいい。有名な観光地でないためか旅行者の姿はなく、地元の人達がぱらぱらと通りを家路についている。なんとのんびりした光景だこと！　木々の向こうに頭を出しているクレムリンのたまねぎドームが更に旅情をそそる。

本日の宿はクレムリン内の修道院。さて入り口は……どこ……あれ、閉まってる……？　いざ外壁まで辿り着くと、壊れかけの木のゲートが鎖でぐるぐる巻きになって閉められてる。それなら通りを行く人に聞いてみようと思うのに、道行く人がいない。まだ7時前というのに、人影が全くない。さっきまで通りを歩いていた人達はどこ？！　クレムリンの壁を半周したところであまりの人通りのなさと寂れた感じに心細くなり……。

正直焦りました、はい。でも、しばらく焦ってうろうろしているところに、地元の女の子2人が通りかかり、運よく英語が分かる子達だったので、結局修道院内のホテルまで案内してもらうことに。一人の女の子のお兄さんがクレムリンの鐘をつく仕事をしているらしく、よく心得たもので、5時で閉まってし

まう入り口の横にある別の小さなドアのベルを鳴らして、中の人にドアを開けてもらって入れました。一人だったら辿り着けたかは、はなはだ疑問……。

ホテルの部屋は温かい木調で清潔、快適。落ち着いたところでお散歩でも、と思ったものの、窓の外の強烈な数の蚊を見て怖気づき、結局そのまま部屋でのんびり。

湖畔の修道院

翌朝、目を覚ますと、空は真っ白で風も強い。湖畔沿いに2kmの修道院まで歩くものの、寒さが身に染みる。人影は相変わらずまばらで、時折漁師風の人を見かける程度だ。途中、軍の敷地横を通った際、ちょうど何人かの兵士を乗せたホロが横を通り過ぎ、ちらっと目をやった時に荷台の一番後ろに座っていた兵士と目が合った。ホロはそのまま通り過ぎ……たのに、ちょっと先で急ブレーキをかけてストップ。なんとそのまま私のすぐななめ後ろまでバックしてきて停まった！　なんでっ！！　気付かない振りをして湖を眺めつつ歩くものの、なんだか背中に視線を感じる……恐い……ここで襲われちゃったりなんかしてもおかしくないかも……。ホロはしばらく停まっていたものの、結局何事もなくまた発進して走り去っていった。かなり緊張……。

そして修道院へ到着。遠目には色とりどりに美しく輝くオアシスのように見えた修道院、実際には閑散とした寂しいところで、入り口にはオババが陣取って「カネくれ！」もどきのしぐさを繰り返し、敷地内ではあやしげな修道士が咳払いをしなが

ら距離を保って付いてくる。建物も修復しかけてそのまま忘れ去られたような「塗りかけ」状態で、思わず到着5分で後にしてしまい……。

でも、こういうのがまさにロシアの地方に抱いていた印象かも？！

旅の終わりに

事前に聞いていたのが暗いネガティブな話ばかりだったためか、受けた印象はきわめてよく、とても楽しい滞在となった。確かに排ガスは臭いし、車は歩行者無視で先を競って走っている。英語が通じる人はほんの一握りにすぎないけれど、それでも道行く人はみな親切で、メトロは2分に1本の割合で頻繁に運行しているし、町には緑が多く、道を歩いていても「ジャパニーズ、チャイニーズ」とはやされることもなく、自分のプライバシーを保つことができる。

モスクワ中心部は非常に近代化が進んでいて、地下に何層にも広がるショッピング街やファーストフード店、インターネットカフェを見ていると、まるで西ヨーロッパの大都市にいるのかと思わせるほど。

食べ物は、メトロ駅構内や地上に出た所にお店が山とあり、ロシア版ファーストフードの「おイモの丸焼きトッピング付き」

は、アルミホイルでくるんだ丸ごとジャガイモを釜から出して、バターとチーズを挟み、好みでハムサラダやその他サラダをトッピングできる。あつあつでなかなかお薦め。

　揚げパンも多く売られていて、中にソーセージやミンチ、マッシュポテトが入っている。脂っこいかと思いきや、わりとあっさりしていてこれまたいける。

　そして中でもアイスクリーム。あっさりバニラ味のコーンカップ入りアイスクリームが通りの至る所で売られていて、見た目いかにも「ロシアっぽくて安っぽくて味が期待できなさそう」なのに、実はあっさり軽めの味でいて、かつまろやか。例えて言えば、「マグナム（Magnum）」（ヨーロッパで広く売られているチョコがけ棒アイスで、お値段は他より高く、どっしりクリーミーなアイス）のカロリー半分以下で同様の喜びを得られるという感じ。ちなみにお値段50円ほど。はまりました、これには……。

　もちろんピロシキやロールキャベツも期待通りで、まだまだ試すものだらけ。

　是非また訪れたい、ロシア＆モスクワ！

第2部　ロシア＆中部フランス編

中部フランス

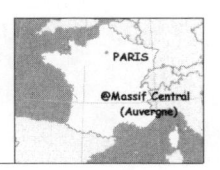

　フランスの山岳地帯といえば、言わずと知れたアルプスにピレネー。片やスイス、イタリアとの国境地帯に位置し、片やスペインとの国境を成す。スイスとの国境沿いのジュラ山脈や、ドイツとの国境に近いボージュ山脈が出てくれば、これはなかなかのフランス通。それではフランス中南部に位置する山岳地帯と言えば？

　フランス中南部、オーヴェルニュ地方。この一帯は中央高地と呼ばれ、造山運動で形成された他の山脈と異なり、火山活動による火山で形成されている。最後の噴火は約6500年前で、現在でもこの地域に行くと、円錐形をしたかつての火山の噴火口を訪れることができる。

　フランスの中では知名度の低い場所だけに、情報不足で事前に計画らしい計画も立てられず、行った先で得る情報を頼りに旅行する。さて、どのような風景が見られるのやら。

カトリックの巡礼路「サン・ジャック・ド・コンポステル」と中世の村巡り・その1

(2004年4月下旬)

奇岩の町ル・ピュイ (Le Puy-en-Velay)

「サンティアゴ・デ・コンポステーラ」という名で知られているカトリックの巡礼路は、フランスでは一般に「サン・ジャック・ド・コンポステル」と呼ばれている。スペイン北西部、ヨーロッパのカトリック三大巡礼地の一つであるサンティアゴ・デ・コンポステーラに続く巡礼路は、フランス内4地点から発している。

1) パリを起点とする「トゥールの道」(途上の発展によって「失われた巡礼路」と呼ばれる)
2) ブルゴーニュ地方、ヴェズレーを起点とする「リモージュの道」
3) オーヴェルニュ地方、ル・ピュイを起点とする「ル・ピュイの道」
4) プロヴァンス地方、アルルを起点とする「トゥールーズの道」

最初の3本はスペインに入る手前で、最後の1本とはスペイン国内で合流し、サンティアゴ・デ・コンポステーラへと続く。この巡礼路が発達した理由として、一つには9世紀初頭にサンティアゴの町でキリスト教十二使徒の1人、聖ヤコブの墓が発

見されたこと、またそのことで、当時イスラム勢力に占拠されていたイベリア半島をキリスト教徒の手に奪回しようという国土回復運動（レコンキスタ）が高まったことが挙げられる。最盛期にはヨーロッパ中から年間50万人もの巡礼者が訪れたという。

　オーヴェルニュ地方の町ル・ピュイは、人口約2万人のこぢんまりとまとまった町だ。溶岩性の奇岩の上に礼拝堂の建つ光景で知られるこの町は、巡礼路の起点の一つに当たる。大聖堂を中心として丘を覆うように旧市街が造られ、その上部に盛り上がったもう1つの奇岩の頂上に、キリストを片腕に抱いたマリア像が立っている。ちょっぴり自由の女神像を想像させなくもない光景だ。坂の町を上ったり下ったりして、ふとした街角に残る昔のたたずまいと出くわす、美しい景観の町だ。

火山と温泉の中央高地 (Le Massif Central)
（2004年4月下旬）

　ル・ピュイの後はいよいよメインの山歩き……のはずが、雨になったため、3箇所考えていた山歩きの1箇所目は飛ばして2箇所目へ移動。ル・モン・ドール（Le Mont-Dore）の町は、中央高地の最高峰、ピュイ・ド・サンシー（Puy de Sancy, 1886m）への基地であり、また温泉と湯治で知られる保養地だ。アルプスでもないこの一帯が、4月下旬にもかかわらずまだス

キーができるほどの雪で覆われている。山頂までは行けそうにないので、山を様々な角度と距離から臨むハイキングをすることにしよう。

ハイキング・その1
　　——大滝　ラ・グランド・カスカード（La Grande Cascade）

町から歩いて往復約1時間半。高さ32m、この辺り一帯では最も高さのあるグランド・カスカードは、湾曲した岩盤から一直線に水を落とし、更にその下で小さな滝を作る。雨で山が見えない時でも、水量の増した滝はいつにも増して勢いよく水を落とし、なかなか見応えがある。

ハイキング・その2
　　——修道士山　ル・カピュサン（Le Capucin）

町の右奥に見える、ぽこっと盛り上がった溶岩の塊。高さ1468mの岩山の丸みを帯びた頂上付近には木々が生えず、その姿がまるで修道士のように見えることから修道士山と名付けられたとか。頂上からは町の三方を取り囲むような山々を間近に眺められる。町のパン屋さんでは同じ名（いや、「修道女」だったか？）の付いた焼き菓子が売られていて、薄く焼いたブリオッシュ生地の間に口溶けのよいカスタードクリームと生クリーム、木の実が挟まり、まろやかな味に甘酸っぱさがマッチして、それはそれは美味。

第2部　ロシア&中部フランス編

ハイキング・その3
　　——ゲリー湖（Le Lac de Guéry）＆ピュイ・グロ（Puy Gros）

　町から約7kmのゲリー湖は、周辺に点在する火口湖とは異なり、氷河で削られた谷間の片側が溶岩で閉ざされ、後に反対側が人工的に閉ざされてできた半人造湖だ。湖の反対側に続く谷間、その両側には、別々の火山噴火でできた2つの岩山、チュイリエール（Tuillière）とサナドワール（Sanadoire）がまるで双子の姉妹のように、向き合うように聳え立ち、後に氷河で削られたそのU字谷の奥には、緑の大地と家々がぽつぽつと建つ風景が続く。非常に特徴的で変化に富む景観だ。

　湖畔からピュイ・グロと呼ばれる山までは比較的平坦で、山頂からはまるで航空写真のような風景が展開する。カーブを描くように谷底に作られたル・モン・ドールの町と、それを挟むように一段高くなって両側に迫る高原地帯。そしてそれらの奥に聳える、雪を頂いたサンシーの山並み。広く見下ろすような幅のある遠景がとても美しい。

ハイキング・その4
　　——ラ・バンヌ・ドルダンシュ（La Banne d'Ordanche）

　フランス中央部はフランスの中で最も開発の遅れた地域だ。火山性の地質で素材が乏しいせいか、料理そのものは他の地域に比べて決しておいしいとは言えないらしい。けれども、チーズとなると話は別で、良質の草を食んだ牛の乳で作られたチーズは、フランスチーズの中でも堂々とその地位を確立している。せっかくなのでチーズ屋さんで地元チーズ2種、ミルクの酸味

の残る「カンタル」と、ナッツのように香ばしいという「サン・ネクテール」を購入し、パン屋さんで切り売りしてもらったライ麦パン、そしてりんごとみかんで山頂ピクニックをすることに。ひと駅隣の登り口に移動して、山歩きを開始する。

　車があれば山頂近くまであっという間に登れる1515mの山も、谷底の駅から登ると約2時間。山頂からは360度の景色が広がっていて、北にはピュイ・ド・ドームを中心とする円錐形の火山の連なりが、南は遠くカンタル地方の雪を頂いた峰々が、そして眼下には春独特の、芽吹き始めでまだ葉の少ない茶色い枝と、枝先の花の固いつぼみが真珠のように輝く木々が、なだらかな山の斜面に展開する様が一望できる。空の青とのコントラストが鮮やかな、遠く広がる見応えのある景色だ。

カトリックの巡礼路「サン・ジャック・ド・コンポステル」と中世の村巡り・その2

（2004年4月下旬）

　ル・モン・ドールでの山歩きの後、更に南のカンタルの山々を散策する予定が、ここでも雪の影響で道路が開通していないとのこと。仕方がないので山歩きはきっぱりあきらめ、村巡りに切り替える。

　現在22に分けられているフランスの各地方には、それぞれに非常に特色のある村々が点在する。その素晴らしさを人々の間

に広め、また保護を推進していくことを目的として、1982年に「フランスで最も美しい村」協会が設立された。この協会が人口２千人以下の村を対象に保存状況等の審査を行い、現在では全国で150近い村が「最も美しい村」に登録されている。今回訪れた村のうち２つも、そうした村に選定されている場所だ。

　田舎を旅する時は、どこの国でも言えることだけれど、とにかくお勧めしたいのは、車であちこち周ること。今回訪れた３つの村はどこも辺鄙な所で、１つ目と３つ目はタクシーを利用することになる。村から村への移動は困難を極め……。

サレール（Salers）への道
　列車とバスが相互提携運行しているオーヴェルニュ地方。小さな町での次のバスまでの乗り継ぎ時間は約45分。そのバスは目的地まで行かないため、最寄りのバス停で降りてそこからはタクシーを利用する。ちょうどいい、待ち時間を利用して駅員のおじさんにタクシーの手配を頼もう。おじさん、タクシー１台よろしく。
「タクシーは前日夕方６時までに予約が必要なんだよねえ」
　え、タクシーでしょ、呼べばすぐ来るんじゃないわけ？
「この辺りのタクシー、村に１台あるかないかだからねえ、あるかどうか……まあ、聞いてみてあげよう」
　そういうわけで、まずは手元にある番号からトライ。案の定タクシーは出払っていて、そこで聞き出した番号に更にトライ。今度は運悪く電話がつながらず、おじさんはイエローページを

取り出して、タクシーの項目を開く。そしてようやく見つかったタクシーは、「まだちょっと分からないから、後からかけ直すわ、ちょっと待ってて」。バスの出発時刻は刻々と迫り、緊張して待つこと約20分。出発3分前、タクシーから電話が入り、「降りたところで10分ほど待ってもらうことになるけど、行けそうよ」。もちろん待ちます、来て下さい！

　そうしてバスに乗り込み20分ほど走ったところで降りるべきバス停に到着する。といっても、まっすぐに伸びる国道脇にバス停を表すポールが立つだけの、吹きっさらしの場所だ。時々通る車はハイスピードで通り過ぎ、「こんなところにホントにタクシー来るの？」。半信半疑で待つこと10分、現れました、タクシーのおばさん。話によると、この辺りのタクシーは通常の移動手段というよりは、80％のケースが村々から大きな町の病院までの急患用という。

　到着したサレールの村を、タクシーのおばさんは片っ端から回っては、ホテルやレストラン紹介をしてくれる。ざっと見た中から選んだ宿はB&B形式で、窓を開けると、眼下には黄色い葉をつけた木のある裏庭、その向こうに谷間、そしてその更に向こうになだらかな山の見える広々とした空間が広がっている。

　11世紀末の第1回十字軍遠征、13世紀中頃の第7回十字軍遠征に騎士を送り出した古い歴史を持つサレールの村は、そのアクセスの不便さからか、現在でも古い家並みを非常によい状態で保存している。年月を重ねうねりを見せる屋根瓦は魚のうろこのように重なり合い、石造りのどっしりとした壁と石畳が村

の経てきた年月の重みを感じさせる。「フランスで最も美しい村」の一つに選ばれているためか、辺鄙なわりには観光客が多く訪れている。村はずれの公園からは、宿から見えるのと同じ広がりのある風景を真正面に望み、カウベルの音や小鳥のさえずりが響き、とてものどかなで贅沢なひとときを過ごすことができる。非常におだやかな雰囲気の、趣のある村だ。

コンク（Conques）への道

　サレール同様、「最も美しい村」に指定されている村コンク。最寄りの町から山深い村へのバスは1日1往復で、村への行きが夕方、村からの帰りが朝の運行というから、まさに地元の通勤・通学用のバスだ。そして当然のことながら朝の町行きバスは、更に小さなバスで地域の村々から集められてくる子供達を乗せた遠足バスと化す。

　山の中腹に造られた石畳の村は、バスを降り、坂道を登って角を曲がった瞬間にその全容を現す。山の斜面に折り重なるように建てられた家々。広がりのあるサレールの風景とは全く別の、山あいに密集するように建てられた肌色の石とこげ茶色の梁でできた家々は、一瞬ドイツに近いアルザス地方の家並みを思い出させる。それでいて、その次の瞬間には典型的な南ヨーロッパの簡素かつ重みのあるロマネスク調を思わせる。なんと美しい……！　コンクには日本人も住んでいるらしく、村の人の話によると、元駐仏日本大使が村の奥まったところに家を購入して住んでいるとか。その気持ち、とってもよく分かりま

す！

　コンクの村は、巡礼路の一つ「ル・ピュイの道」上に位置する人口300人の小さな集落。9世紀にコンクの僧が150km離れた町アジャンから、フォアと呼ばれる聖女の骨を盗んで持ち帰り、それ以降奇跡が頻発するようになったことから巡礼路に加わったという。かつてラングドック地方の詩にも詠まれていたというフォア、一体どのような女性だったのかというと、アジャンの町の名士の娘で、乳母の影響で12歳でカトリックに改宗し、その直後に当時のローマ皇帝ディオクレティアヌスのキリスト教大迫害（4世紀初頭）にあって火あぶりの刑に処せられることとなった。火あぶりの刑の最中に突然嵐が起こり、火が消えてしまったので、結局打ち首に処せられたのだという。その後彼女の墓の周りで奇跡が頻発したことから、聖女として祭られるようになったのだとか。

ロカマドゥール（Rocamadour）への道

　フランス最後の訪問地、ロカマドゥール。概して列車の駅は町外れにあることが多いけれど、観光地なら駅があるところにはたいてい町行きバスが通っている（と思い込んでいた）。雨の中到着したロカマドゥールへの最寄り駅、バスの時間が合わなければ歩こうかと軽く考えていたところ、バス停どころか駅は無人で、駅の壁にタクシーの番号が記載された、いかにも手作りの色褪せた紙がぺらっと1枚貼ってあるだけだ。他に人影はなく、町がどれほど離れているのかもよく分からない。仕方な

い、この雨では。タクシーを呼ぶことにしよう。

　番号をメモして公衆電話を覗いたところ、利用はテレホンカードのみで、コインを入れる穴がない。カードを購入しようにも、店らしきものはどこにもなく、たった1軒ある駅前ホテルは休業中で扉は堅く閉ざされている。雨足は強まる一方で、通りには全く人影がない。おっと、これは少々困ったな。

　とその時タイミングよく、3人乗りの車が近くの民家に到着した。これは助けを請うしかないと、彼らの良心に期待して、声をかけてみたところ、
「今忙しいんだ、家の改装中で。町？　ああ、遠いよ、ここから7 km。電話？　悪いね、携帯持ってないよ」
と冷たく言い放ち、さっさと家の中に消えてしまった！

　あまりにもあっさり、同情するでもなく言い放たれてしまったもので、こちらも「ありゃりゃ」とあっさり思い、それからしばし立ち尽くし……。そんなところに、またしても運良く隣の民家のおばさんが、車で家に到着した。このおばさんは逃せない！

　勢いづいて車に近づきフロントガラスをノックする。かばんの中をがさごそ探し物をしていたおばさん、予期せぬノックの音に飛び上がって驚き、目を丸くして、「な、なに、あんた……！」。警戒心を抱かせては先がないと、いかにも罪のない旅慣れしていない哀れな旅行者を装って、かくかくしかじか頼んでみたら、これもあっさり、
「ああ、じゃあうちの電話、使っていいわよ」
　ああ、ありがたい！

そうしてお邪魔したおばさん宅で、タクシーのオフィス番号に電話をしたところ、運転手は仕事中で出払っていて、マダムが対応する。「確認するから5分後にかけ直してくれる？」。電話を貸してくれたおばさんはつっけんどんに、「5分も待てないわよ、私今すぐまた出かけなきゃいけないのよ！」。そこで慌てて今度は携帯番号とおぼしき番号に電話して、「あなたタクシー？　お願い、来て、助けて！」と言わんばかりにまくしてたら……来てくれました、5分後に。ああ、助かった……。

　そうしてなんとか辿り着いたロカマドゥールの町は、断崖絶壁に文字通り張り付くように造られた人口5千人程度の町だ。「トゥールの道」上に位置する巡礼の町は、12世紀後半に、断崖で隠者、聖アマドゥールのミイラが発見されて以来巡礼の地に加えられたという。彼が彫ったといわれる「黒い聖母像」が配置されている半分岩に埋もれた教会は断崖中腹に、断崖上部には要塞、そして谷底に町がある。少し離れた断崖の上からの遠景は荘厳で、岩と町が文字通り一体化した様が手に取るように眺められる。対して町そのものは、町を貫く通りの両側に土産物屋のオンパレード。少々観光化されすぎている感を否めず……。

旅の終わりに

　情報が少なく、食べ物もいまいちといわれた中部フランス。

第2部　ロシア＆中部フランス編

モンブランを頂くアルプスや、真っ青に透き通った水に起伏ある海岸線を連ねる地中海沿い、輝かしい王政の名残を留めるロワール河沿い等、世界的に有名なフランス各地の見所に比べると、中部の風景が与えるインパクトは確かに大きいとは言いがたい。その分、小さな中にきらりと輝く美しさが凝縮されているのがこの地方のよさのように感じられる。道行く一人の地方人の気分でゆったり旅を楽しめる、心穏やかになれる魅力的な土地、お時間があれば是非！

第3部
オセアニア編

　ヨーロッパに生活拠点を移してはや4年半。まだまだ見所には事欠かないヨーロッパだけれど、長く暗く寒い冬は、やっぱり太陽を拝みたい！　明るい日差しと暖かい気候を求めて訪れたニュージーランドとオーストラリア。2年連続ヨーロッパの冬をやり過ごしてのオセアニア編。

ニュージーランド

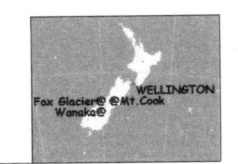

オランダからの……運び屋？
―クライストチャーチ（2002年12月下旬）

　12月のこの時期、オランダとサマータイム採用のニュージーランドの時差は12時間、ぴったり半日ある。けれど光の効果はすごいもので、成田を経由し連続2フライトでニュージーランドに到着した後、丸1日ぶっ通しで観光した後も、倒れるほど眠いというわけでもない。というより、できればその辺の芝生にゆっくり寝転がって昼寝でもしたかった！　ここクライストチャーチ、本日の気温12度で、とっても寒い上に、曇り空！　冬の成田が17度で、何故南半球、夏のクライストチャーチが12度なの！　出発時マイナス8度だったオランダから着てきたウールのセーターが役立つとは……。

　ところで、ニュージーランドへの入国時、空港税関で「待った」がかかった。同じフライトで成田から到着した他の日本人はみんな問題なく出ていくのに、何故私だけ？　後ろから追いかけてきた係員に指示されるままに、白い線に沿って歩いていくと、その先には税関と、「ここで待て」の立て札が。「まさか、スーツケースじゃなくバックパックだから、じゃないわよねぇ」

といぶかしがっていたら、横の小部屋からおじさん税関職員が登場して、質問を始めた。
「君、オランダに住んでるの？　いいところかい？　オランダでなにしてるんだい？　学生？　働いてるのかい？　どうしてオランダに行ったんだい？　どうしてニュージーランドに来ることにしたんだい？　日本には帰るのかい？　日本にはどれくらい滞在するんだい？　……」
　一つひとつの質問に答えるものの、中身はどんどん私的になり……。
「彼氏はどうだい？　オランダ人かい？　どうやって出会ったんだい？　まだ最初の彼氏とは続いてるのかい？　……」
　なんてこと！　余計なお世話よ、一体なにを知りたいのっ？！
　延々続く私的な質問に半ばいらいらしつつ、それでも税関職員を下手に刺激するとロクなことにならないと、少々個人的な語りに入る。
　と、突然その職員、
「ところでオランダでドラッグってよく見かける？」
と聞いてきた。
「あんまり。たまに通りを歩いてて臭うことはあるけど、私は試したことないわ」
　実のところ、一度だけ友達と試したことはあったのだけれど、それはもちろん白状しなかった。と、そこまで話してやっと気付いた、私だけが列から外された訳が。
「もしかして、私がオランダから来たからこうやって横に並ば

されたわけ？」

 そう問う私に、おじさんにやっと笑って、

「それもありうる」

 なーるほど、そういうことか。確かにオランダはドラッグOKの国だしね。

 納得したような私の表情を見て、おじさんが言う。

「君、エクスタシー（幻覚誘発剤、XTC）って知ってる？　あれ、ニュージーランドで最近問題になっててねえ……君、かばんに入れてないよね？　靴底とか？」

 そこで思わず靴を脱ぎ、にっこり笑って差し出して、

「中、見ます？」

 おじさん慌てて制止して（まだ旅始めよ、臭くないわよ！）、

「いやいや、必要ないよ。もう十分。楽しいバカンスを！」

 やっとのことで、無罪放免を勝ち取ったオランダからの偽運び屋は、堂々とニュージーランドに第一歩を踏み入れたのでした……。

サバイバル！　サザン・アルプス越え
―クライストチャーチ→グレイマウス（2002年12月下旬）

 旅行者を当てこんで運行される列車「トランス・アルパイン」は、ニュージーランド南島、東海岸のクライストチャーチと西海岸グレイマウス間231kmを約4時間半で結ぶパノラマ列車だ。最高峰マウント・クック（3754m）を抱え、南島を南北500km

第3部　オセアニア編

にわたって貫くサザン・アルプスをまたぐ列車からの景色は、山あり谷あり迫力満点。幾筋にもうねって流れる青灰色に濁る川や、深い峡谷が間近に迫り、山々はむき出しの岩肌に滑り落ちるような斜面を見せる。刻々と変化する風景は興奮の連続。と、羊が登場、ほっと一息。先頭車両にはオープン・デッキも備えられていて、心地よい風に吹かれながら窓ガラスを通さずに写真を撮ることができる……。

　というのは謳(うた)い文句で、これがなかなか技要り路線。出発後しばらくして行ってみると、デッキはすでに多くの人でにぎわっている。最初は右側にダイナミックな峡谷沿いの風景が、その後両側に山の風景が続く。「うわ〜、きれい！」とそこここで歓声が上がり、併せてシャッターを切る音が……するその瞬間、列車はトンネルに突入。「オー、ノー！」。さすが谷沿い山越え列車、トンネル数の多いこと！　これじゃあ旅の終わりには、トンネル入り口写真集の完成よ。

　次第次第に周囲の興奮度は高まり、優雅に風景を眺めるべく集まった人達も、目つきが真剣になってくる。デッキの人口密度は高まる一方で、みんながみんな、「ベスト」の場所で「ベストショット」を撮ろうと、押し合いへしあい迫り来る。びたっと柵に押し付けられ、身動きの取れない身長154cmは、時に脇からボディーブローを食らい、時に足を踏まれ、一度などは後ろから伸びてきた手に頭をぐっと押さえ込まれる始末！（私はすでに十分小さいぞ！）まるでその場は通勤時間帯の大阪地下鉄御堂筋線。過酷なサバイバル・ゲームと化していく……。

人口1km²当たり14人の国じゃ、貴重な体験だったかも？！

日の出　　―フォックス氷河（2002年12月中旬）

　サザン・アルプスを越え、バスで南下すること更に4時間、辿り着いたのは南島西岸、ウェストランド国立公園。ここから南に至る西岸一帯は、多いところで年間降水量7500mm、世界でも有数の多雨地域として知られている。オーストラリア南部、タスマン海上空から偏西風に乗って運ばれてくる湿った空気が、サザン・アルプスにぶち当たって雲を湧かせ、多量の雨を降らせるためだ。日本の年平均降水量が1800mmだから、その雨量は相当のものだ。そんな多雨地域だから森の様相はかなり特異で、苔むした岩と青々と茂るシダの葉の間をすり抜けるように続く散策路を歩いていると、まるで熱帯地方のジャングルにでもいるような気分にさせられる。それなのに、そんな木々の向こうに氷河が見えたりするものだから、一体自分は赤道直下のアジアにいるのか、はたまたスイスにいるのかなんていう不思議な気持ちにさせられる。

　そんな光景が見られるフォックス氷河村から6kmの所に、マセソン湖という湖がある。「朝早ければ早いほど湖面が静かで、山を映す素晴らしい景色が見られるよ！」。そんな地元っ子キウイ（＝ニュージーランド人）達に勧められ、朝5時起きで

自転車を走らせ湖に向かう。夏のニュージーランドではサマータイムが採用されていて、通常より1時間時計の針が進められている。朝5時といえば実際の4時、これは気合いがいりそうだ。

　湖を周る1時間半のコースの途上には、3箇所のビュー・ポイントがある。その3箇所目に辿り着いた時、空はかなり明るさを増していた。湖面は完全には静止していないものの、その向こう、遠くに聳えるサザン・アルプスが鮮やかに映し出されている。湖の奥には白いもやが細くたなびき、ゆっくりと漂いながら湖上を流れていく。カメラを手にした人達が、思い思いにシャッターを切る。木々に囲まれた湖のちょっと開けたその場所で、時々思い出したように交わされる言葉は、まるで防音室での会話のように、発せられたその瞬間に妙に現実味を帯びた乾いた音になって耳に届く。日の出はどこから来るんだろう、正面の山の向こうかな。

　とその時、湖面のもやが突然金色に輝き出した。もやは、まるで内部から光を発しているかのように、強く、濃く、刻々と輝きを増していく。これって、まるで竹取物語のかぐや姫登場の場面みたい！　湖の精でも現れるの？！　突然の出来事に周囲も一瞬息をのみ、食い入るように湖面を見つめる。吹けば飛びそうだった頼りないもやは、思わず目を細めるほどに、まるで湖面に伸びる金の帯のように、さん然と光り輝き、存在感を増していく。もはや主役は湖面に映る山影ではなく、もやそのものだ。

それが、日の出の瞬間だった。こんもり暗く茂る木々の背後から差し込む光が湖面にまっすぐ作り出す輝く光の帯は、なんと神秘的な光景だっただろう……！

I love the cinema !
　　　　　　　　　　　—ワナカ（2002年12月下旬）

　ニュージーランド南島、ワナカの町に滞在中、ちょうどニュージーランドで撮影された映画『The Lord of the Rings Ⅱ』の封切り直後ということで、登山の後に観に行った。それはそれは素晴らしく、かなりユニークで、他に類を見ない感動的な、そして笑える……。いえ、映画のことではありません、映画館そのもののことで！

　小さな町に見合った丈の、60〜70人入り中規模サイズ。上映直前に到着すると、映画館はすでに人ごみでごった返している。カフェで注文したパニーニをぎりぎりまで待っていたら、「座席まで持っていってあげるから座っていいよ」と促される。中に入って、ちょっとびっくり。なんとシートはクッション付きソファ。それもどこぞの中古をかき集めたような、形ばらばら、色ばらばら。統一感なく並べられた様は、まるで体育館での映画鑑賞。これは映画館創設時、町長か誰かがお触れを出して、各家庭から各1台、ソファを募ったに違いない。ところがこれが、なかなかどうして、実際腰掛けてみると幅広シートは柔らかで

第3部　オセアニア編

　座り心地は断然いいし、3時間の超大作を同じ姿勢で鑑賞できる。なかなかグッド・アイディアだった！

　深々腰掛け見回すと、左手前方には「BOX席」ならぬ「オープンカー席」があり、スクリーンに向けて置かれた模型のオープンカーに座席が2つ、その特等席にはすでにカップルが陣取っている。天井屋根は三角で、パイプがあちこちむき出しになり、まるで音響無視状態。係員がやって来て、舞台横の箱から次から次へとクッションを取り出すと、客席に向かって放り投げる。「まだあるけど、いるか～い」。

　上映開始前、係員が映画について説明しに来て、まるで舞台挨拶のよう。「暑かったら温度調節するから遠慮なく言ってくれ」、そう言い残して係員は去り、ようやく場内は暗くなる……とその時、カフェのお姉さんが、パニーニ片手に場内へ。「パニーニできたよ～」。はい、それは私のです……。運んでもらったパニーニは、紙やプラスチックでなく、陶器のお皿に載せてある。観客はビールやワイングラス片手にくつろぎ、まるで家で映画を観ているみたい！

　長い映画の半ば頃、小休憩がはさまれる。誰かが暑いと言ったのか、係員がやって来て、おもむろに手を空中に向かって突き出した。なに？　と思ってよく見たら、その手にはリモコンが。涼しい風にふと目を上げると、空調はなんと、家庭用大型エアコンで、天井から左右に1つずつぶら下がっている。こういうのを、アットホームって言うんでしょうか……！

　おかげで映画（館？）を十分堪能、印象的なひとときとあい

なったのでした……！

空酔い？　スカイダイビング
　　　　　　　　　　　　　　―ワナカ（2002年12月下旬）

　山登りに渓谷歩き、美術館巡りに町歩き、どれをとっても体力を使うけれど、6分間で体力消耗、ふらふらになることも世の中にはあるらしい。高度4000mから、落っこちてみました、生まれて初めてタンデム・スカイダイビング！

　ちなみにタンデムとは「前後に並んだ」という意味で、ベルトやフックで背中にぴたっと張りついたインストラクターと、心中もどきで一緒に空から落っこちる。すべての操作はインストラクターまかせ、こちらは落下に専念するのみ！
　その感想を一言で表すと……「1回で十分！」。というのも、酔ってしまったのです、空中でくるくる舞ってしまって……。

　まずは地上で説明会。つなぎの宇宙服もどきに身を包み、ビデオを見ながら一連の流れを確認する。そして同意書にサイン、「万が一死亡することがあっても一切の責任は問いません」？！
　セスナに乗り込み15分、高度をぐんぐん上げつつ山の上をぐるーっと飛んで、まずはゆったり観光気分。そしていよいよダイビング。機体の扉が開けられる、とそこは真っ青な空。ひぇ〜、空気しかないっ！　後から乗り込んだカップルが、先に機

体から飛び出していき、あっという間に視界から消える。そして、私も押し出される。インストラクターが機体の縁に腰を掛け、私の体は空中へ！ そして1、2の3！ 大きく体をのけぞらせた次の瞬間、体は宙を舞っていた！

 とにかくあの空中に飛び出した瞬間の感覚は、なんと例えればいいのか……。飛び出した瞬間の、お尻の下になにもない、つかまる所のない頼りない気分、なにもないと分かっていても、反射的に手を伸ばしてつかまる所を探したくなるような、そんな感覚。最初はとにかくくるくる回って上下も分からず、空も大地もひっくり返って「なんだなんだ？！」。それでも実際落ちている感じがしたのは飛行機から飛び出したその瞬間だけで、くるくる回っている間はひたすら無感覚。それから体を水平に保つための小さな補助パラシュートが開き、体勢が整って空がちゃんと頭の上に来ると、今度は下を向いたら息ができなくなるくらいに地上からすごい風圧を受ける。実際には体は水平、腕を広げ、足は後ろに折り曲げて、顔は前を向いている。例えて言えば、カエルが空から落っこちているような？！

 体勢が整ったところで、一緒に落っこちているビデオ撮影係のお兄さんと急接近して「スマイル！」。その間も時速200kmで落下していて、と思った瞬間に突如ブレーキがかかったみたいに空中に押しとどめられ、パラシュートが開いたことが分かる。この間約45秒。ビデオ係のお兄さんはそのまま急速落下していって、眼下に消えたところでパラシュートが開く。

 さてここからが写真タイム！ だったのだけれど、もともとが「揺れ」には弱い体質、パラシュートが開いてから酔ってし

まい、2回強風にあおられてパラシュートごと空中をぐるぐる回ってしまった時には「は、吐きそう……」。パラシュートが開いた後も、結構なスピードでみるみる降下していき、とりあえず約束通り、先に落っこちたカップルの写真を撮り、地上や山の写真を撮った後は、「早く地上に到着させて……」。写真は、山並みを撮るよりは真下の地上を撮った方が本当に空中にいる感が出るものの、下を見るとよけい酔いを感じてしまい……。

着地は足を前に突き出して座るような形で、へなへなと地面にへたり込む。「やっと終わった……」。恐怖感はなかったものの、酔いにやられた6分間……。

それでも、風圧マッサージでちょっとくらいはダイエット効果あり？！（なんてことはないかな……）

雨の日のロッジのひととき
―マウント・クック（2002年12月下旬）

雨の日の山ほど暇を持て余す場所もない。たいてい町から離れていて、美術館のように暇つぶしができる場所もなく、洒落たレストランやカフェも数少ない。なによりお目当ての山そのものが見えないのだから、どうにもこうにもしようがない。

一方で、雨の日の山のロッジほど、気だるい雰囲気の中でのんびりできる場所もない。窓に打ち付ける雨音を聞きながら、

暖炉を囲んで紅茶をお供に、思い思いに読書にふける。そこには、一種の連帯感のようなものがあって、言葉を交わさなくても自然と和やかな雰囲気が生まれる。

　お昼過ぎにマウント・クックに到着した時、雨足はかなり強くなっていて、すぐ裏手の山でさえ麓近くまで深い霧にのまれている。時間はたっぷりあるけれど、残念、今日は宿で足止めを食らいそうだ。
　足を踏み入れたユース・ホステルでは、もう朝からそうしているのか、山の装備に身を固めた人たちが、ソファや食堂のテーブルで、本を読んだりおしゃべりに興じたりしている。時折期待を込めて窓の外を見やっては、あきらめ顔でまたそれぞれの世界に戻っていく。

　そのおばあさんは、日本人女性2人と食堂のテーブルを囲んでいた。かわいらしい雰囲気がそのみてくれと微妙にアンバランスで、なんとなく興味をそそる。彼女達の口から時折発せられる「オランダ」という単語に引き付けられるように、そのテーブルに近づいてみる。聞くと、1人はかつて留学でニュージーランドに滞在したことがあり、もう1人はオーストラリアでワーキング・ホリデー中で、オランダ人の彼氏がいるという。そしておばあさん、オランダ人の彼女は、70歳にして悠々自適のニュージーランド一人旅。何週間かかけてあちらこちらを巡った後に、オークランドの友人に会いに行くという。オランダ繋がりが手伝ってか親近感が湧き、その場はすぐに打ち解ける。

おばあさんも話し相手が嬉しいのか、クッキーやジュースを買ってきては気前よく振舞う。

　そうしてひとしきり談笑した後、それぞれがガイドブックや日記を取り出し、したため始める。こちらも絵葉書を取り出して、さてなにを書こうかと考えていると、おばあさんが興味深そうに覗き込む。
「あなた、それ、彼に書いてるの？」
　いいえ、元彼よ、そう答えると、彼女の表情がぱっと明るくなる。
「あら、あなたも？　実は私もなの」
　そう言って彼女がかばんから取り出したのは、書きかけの一通の絵葉書。
「彼ね、私より10歳年下なの。もう結婚して奥さんもいるんだけどね、私のこととっても好きだったのよ。これ、住所は書かずに名前だけ書いて送るの。私からの葉書を受け取ったら、彼、さぞドギマギするに違いないわ」

　そう言って目を輝かせながらウインクを飛ばす彼女を前に、「そうね」と笑顔で答えるものの、どうしても想像できなかった、彼女からの葉書を片手に、皺だらけの顔をドギマギ赤らめる60歳の元彼を……。

　そんな彼女は、とても若々しい装いで、見た目には70歳になんてとても見えない。その後も彼女はキッチンやロビー、部屋

の中でいろんな人に話しかけてははしゃぐように話していて、顔の皺さえ気にしなければ、まるで好奇心旺盛な10代の若者のよう。若さっていうのは年齢じゃないのねぇ……。

山の始まり
― マウント・クック（2002年12月下旬）

　昔ラジオのトーク番組で、山についての話があった。最高峰についての話はよく聞くけれど、一番低い山の話はほとんど耳にすることがない。日本の最低峰は標高4.5m、大阪は天保山、それも人工の山というから、それでは一体山とは何か、という議論だった。地図を担当する国土地理院でも山についての明確な定義はないそうで、広辞苑によれば「平地よりも高く隆起した地塊」が山なんだそうだ。特に日本の山は火山活動で形成された山が多いから、裾野は広く、どこからが山かなんて、遠望して「あの辺かな」なんて言えるくらいじゃないかと思う。

　ここマウント・クックでは、だから山の風景は一種特異だ。岩山に雪を頂いた姿はスイス・アルプスでも見られそうな風景なのだけれど、なんといっても異なるのはその裾野。氷河で削られた谷間に土が堆積してできたためか、大地は見事にまっ平らで、ある場所から突如山がにょきにょきと生えてきたように始まる。その始まりは平らな部分と交差して、線を引いたようにくっきりと分かれている。その場所まで行って「ここからが山」

と指させると言っていい。言ってみれば、平らな地面に山の模型をぽんと置いたような感じで、その裾野から頂上まで一気に山が聳えているという感じだ。ぺったんこの大地に水を湛える氷河湖のすぐ向こうに、一気に3754mまで聳えるマウント・クックをあまりにも間近に一望できてしまうので、ニュージーランド最高峰を目の前にしているとはにわかには信じがたい。

そんな山の鳥瞰図的景観を楽しむには、片道1時間半のセアリー・ターンがお薦めだ。木枠付きの階段を急坂に沿って登った高台からは、深く積もって氷河のようになった雪を頂く岩山や、遠くプカキ湖まで続くまっ平らな谷間、そして緑色の野鳥、キーアが間近に見られて迫力満点だ。この、人を恐れない大型のオウムが甲高く「キーアァ〜!」と間近で鳴いた日には、思わず耳を押さえて「うるさぁ〜い!」なんて叫び返してしまったりするのだけれど、とにもかくにも様々なものが一堂に会する見応え抜群の展望台だ。

トンガリロ・クロッシング
　　　　　　―トンガリロ国立公園（2002年12月下旬）

南島に別れを告げて、次なる目的地は北島中部、トンガリロ国立公園。クライストチャーチから北島タウポへ、ウェリントン経由でフライト移動する。ウェリントン発タウポ行きの飛行機は小型プロペラ機で、シート番号Fが割り当てられる。Fっ

て言えば、通路右側3人席の窓側かな、景色が見られてラッキー、なんて思って乗り込むと、シート番号はAとFだけ、通路を挟んで両側1席ずつ、全員文句ナシに窓側席。それもパイロットを含めても総勢12名程度で、コックピットなんて言える立派なものはなく、狭い操縦席の計器類は後ろからでも丸見えで、ある意味スカイダイビングの時に乗ったセスナよりも感動的なのだ。

　フライト時間は約50分で、国内線は揺れると脅されていたものの、これが全く揺れもせず、快適な空の旅を楽しめる。上空からははるか彼方に、美しい円錐形を持つマウント・エグモントや、雪を頂いた活火山マウント・ルアペフが望めて、それはそれはいい気分。

　なんて思う間に、目的地のタウポが近づいてきて、眼下にはタウポ湖が広がり、飛行機も着陸に向けて下降を始める。雲に突入する際に、普通の飛行機より少々揺れが大きいくらいかな、なんて軽く構えていたら、突入した瞬間にどーんと衝撃、大きく縦揺れ、思わず席から吹っ飛びそう！　反射的にシートベルトを締め直し、心中「ひえ〜！」と叫びつつ操縦席に目をやると、いつもは見ることのない前方の窓から、みるみる迫る地上が見える。飛行機は結構な角度で地面に向かって突っ込んでいて、まるで気分は突撃隊！　これまでの優雅な気分はどこへやら、着陸するのか激突するのか、身を硬くしてはらはらしながら到着を待つのだ。

　なんていう激動の心中とは裏腹に、あっさり到着した湖畔のタウポ空港は、まるで片田舎の単線列車の駅みたいにちまっと

している。

　ニュージーランドで最初の国立公園に指定され、世界遺産にも登録されているトンガリロ国立公園は、火山活動でできた山々から形成されていて、南島の山の風景とは全く異なった様相を呈している。いくつかのトレッキングルートの中で、全長17km、歩行所要時間7、8時間の「トンガリロ・クロッシング」は、国立公園内北部を南西から北東に突っ切る景観に富むルートだ。タウポから日帰りで楽しめる本格的なトレッキングルートで、バスの便も整っている。

　南西部分から歩き始めると、最初は川沿いに平坦な道を行き、サウス・クレーターの前で傾斜のきつい岩肌が現れる。そこをひーひー言いながらよじ登り、何度か立ち止まっては120km離れたマウント・エグモントの円錐形を見て感動しつつ、クレーター壁を越えてクレーター内に下る。
　右正面に頂上が欠けた火山、ナウルホイを見ながら平坦なクレーター中央部を突っ切り、再度クレーター壁を登って、今度はレッド・クレーターへ。レッド・クレーター内壁には、「ボンッ！」と音が聞こえてきそうなすさまじい爆発跡が、めくれるように口を開けている。
　レッド・クレーターの縁を進み、外壁のじゃりをずりずりすべるように下りると、緑色の美しい水を湛えたエメラルド・レイクに到達する。太陽はさんさんと輝いているのに、標高が1600mほどあるせいか、風が冷たく手がかじかむほどだ。

そこから更に平らなセントラル・クレーターを横切って内壁を登ると、その向こうに今度はブルー・レイクが登場する。ここで見応えがあるのはなんといっても振り返った時の風景で、今通ったばかりの平らなセントラル・クレーターの向こうには、爆発跡とエメラルド・レイクが、そしてナウルホイの火山の堂々とした姿の背後には、つい最近雪化粧を施したばかりのルアペフ山がダイナミックに連なる。そしてそのルアペフの裾野の広いこと広いこと……！

そこがルートのハイライトで、その後はほぼ最後まで下りが続くのだけれど、これが結構長いルートで、最後は1時間以上森の中を歩き、へとへとになった頃バス停に辿り着く。

というわけで、登って下ってなかなか体力がいるのだけれど、それだけに火山地形の凝縮された変化ある風景を1日で楽しむことができて、とっても見応えあるルートなのです！

こうしてニュージーランドの旅を終え、翌年はお隣の国、オーストラリアへと足を向ける……。

オーストラリア

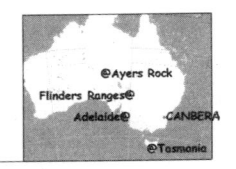

タスマニアの原生林で考える
—タスマニア島（2003年12月下旬）

　それは異様な光景で、見た瞬間言葉を失う。確か、向かっていたのは原生林の見られる国立公園で、ユーカリやシダが生い茂る豊かな森林地帯だったはず……。

　オーストラリア大陸の南220km、タスマン海に浮かぶタスマニア島のホバートからツアーで訪れたのは、17あるタスマニアの国立公園のうち、世界遺産に登録されている一つ、マウント・フィールド国立公園。偏西風の影響で年間降水量3500mmにもなるタスマニアの原生林は、太古の昔から、タスマニア固有の動植物が豊富に生息する貴重な森林地帯だ。

　それまで陽気にタスマニアの自然について説明していたガイドのお兄ちゃん、突然無言になり、車をどんどん走らせる。外はにわかに雨模様。雨足は強くなり、道は高度を上げていく。朝からテンション高くはしゃぎ気味だった参加者は、後部座席で思わずうとうと。そろそろどこかに到着する頃かと思ったその時、「着いたよ」の声が。う〜んと伸びをする。今度はなにを見

第3部　オセアニア編

られるの？

　わくわくして降り立った、その目に映った光景に、一瞬みんな言葉を失う。そこは一帯焼け野原。まるで大規模な山火事でもあったのかと思えるほど、原生林が突然、完全に焼け落ちている。ユーカリの木は？　説明していた変わったきのこは？　動物たちはどこにいるの？

　いぶかる私達に、ガイドのお兄ちゃんが語り出す。
「タスマニアの原生林は、樹齢400年、高さ90mを超す巨大ユーカリを含む、とても古い時代からの森林地帯。その原生林を伐採し、木材チップにして海外に輸出する伐採会社がある。この場所はその伐採現場の一つなんだ。ユーカリを伐採後、次の植林を容易にするために、ナパーム弾みたいなものを空中散布して、残った切り株を焼き尽くす。その後、まだ地面に温かみの残るうちに、1080と呼ばれる毒に浸したにんじんを撒いて、新芽を食べにくる野生動物を抹殺するんだ。それらの動物の中には、オーストラリアの固有種、ワラビーやオポッサム、ウォンバットなんかも含まれるんだよ。タスマニアでは激しい議論を巻き起こしていて、この野蛮な伐採を止めるよう様々な運動が繰り広げられているけれど、これまでのところ伐採禁止の措置は取られていない。大自然の宝庫のタスマニアだからこそ、自然を楽しみに来てくれたキミ達だからこそ、こういう現実があるってことを見ていってほしい」

　マウント・フィールド国立公園内には、ユーカリ林を巡る散

策路が設けられていて、あちらこちらにユーカリやその一帯の植生の説明が書かれたボードが立てられている。そのボードのほとんどは、いつ誰がそうしたのか、説明文がところどころマジックペンで書き換えられたり、文章が追記されたりしている。その落書きによって、原文はユーカリ伐採の現状を痛烈に皮肉った説明に変わっている。落書き、というと単なるいたずら書きのように響くけれど、書き換えられた文章を読んでいると、この地域の原生林の伐採が非常に重大な議論に発展しているのが分かる。
「それにしても、これだけ見事に辛辣な書き込みがしてあるのに、それを消そうとした跡が見られないのはどうしてだろうね」
　巡回するレンジャーが伐採反対に賛同して意図的に残しているのか、管理している（はずの）州政府の管理漏れか。管理漏れがあるとすれば、「原生林の伐採は厳正な調査に基づき適切な管理下で行われている」という彼らの弁は果たして信頼に値するのか……。

　どんなに雄大で無尽蔵に思える大自然でも、保護しなければ確実に消滅していく。あのような複雑な植生、生態系は、人工的な植林ではまず取り戻せないだろう。たった10分程度の伐採現場訪問は、失うものの大きさを後々まで考えさせる長い10分となった。

第3部 オセアニア編

指の受難の序奏曲
―タスマニア島（2003年12月下旬）

「この噛み痕、毒蜘蛛のホワイト・テール・スパイダーかもしれない」

　旅行2日目にして、早速指に現れた虫刺され。蚊とは違った痛痒さを伴って腫れてくる指を、翌日軽い気持ちでガイドのお兄ちゃんに見せたところ、その表情からすっと笑いが消える。毒蜘蛛？　それって何年か前に日本に密入国して大阪で一騒動を起こしたセアカゴケグモの親戚かなにか？　あれも確かオーストラリアから来たんだったと思ったけど？
「ほら見て、ここに噛み痕が2つ見えるだろ。これは牙で噛まれた痕で、蚊の刺し痕とは違うんだ。その周りが紫色の輪っかになってて、全体が水ぶくれみたいに腫れてる。放っておくと、腫れが指から手、腕に広がっていって、指を切断することにもなりかねない危険な蜘蛛なんだから。インフォメーション・センターに伝えておくから、後で病院リストもらって、町に戻ったら絶対病院に行け！」

　7泊8日ツアーの最初の2日間だけ参加していた2日目、別れ際にさんざんガイドのお兄ちゃんに脅されて、登山の後にインフォメーション・センターに戻ってくると、どやどやと後ろのオフィスから人が出てきて、
「キミが蜘蛛に噛まれた子？　連絡入ってるんだよ、ちょっと

指見せてみて」

 なんだかコトがどんどん大げさになっている……。
「キミの泊まってるホバートには病院が2つあって、1つは市立、1つはプライベートのドクターだ。プライベートの方は町から15kmほど離れてるから、タクシーで行かなきゃいけないけど待ち時間はあんまり長くない。市立の方は、泊まってるところから2ブロックしか離れてないけど、待ち時間はかなり長くなるかもしれない。とりあえず両方の連絡先を渡しておくよ」

 結局そこでも病院行きを強く言われ、町に戻って近くの市民病院へ。ところが言われていた通り、待ち時間が異常に長い。待合室で待たされること1時間、その後呼ばれてカーテンで仕切られただけの廊下の隅に連れて行かれ、そこで待つこと更に30分、やっと現れたドクターと話すことたったの2分。そして次のドクターが現れ約1分。そのドクターが薬を準備するまで更に待つこと1時間、何度も横を通り過ぎるナースをせっついて、やっと最後に現れたドクターから薬と次の滞在予定地のドクターへの紹介状を受け取るのに約1分。待ち時間計2時間半、話をしたのはたったの4分。いくら急患があるとか大病院とか言っても、そりゃないでしょ！
 おかげでそれから1週間、抗ヒスタミン剤を飲むハメになり、そのためか虫が寄りつかなくなって楽に旅はできたものの、薬が切れた途端に虫に対する免疫力ががくっとさがり、タイミング悪く突入したサウス・オーストラリア州はフリンダース山脈で、嫌というほど虫攻撃を受けるハメになり……。

それでも腫れはなんとか治まり、痒みも治まったものの、指の受難は更に続く……。

死角は側面　—タスマニア島（2003年12月下旬）

　南半球の紫外線の強さは耳にしてはいたものの、大して気にかけるでもなく日焼け止めなしに歩き回った1年前のニュージーランド。旅行後私を見た母に、一言「汚い！」と言われて大ショック！　今回こそはぬかりなく、ボディー用にフェイス用、たっぷり塗って対策万全。

　タスマニア島東海岸、フレシネ国立公園でさんさんと降り注ぐ太陽の下散策を楽しんだ後、訪れたのは同島中北部、クレイドル・マウンテン国立公園。その日も朝から快晴で、山歩きにはもってこい。目指すは標高1545m、ダブ湖対岸に聳えるクレイドル山。湖を左から回り込み、はやる心を抑えつつ、テンポを保って道を行く。日差しがじりじり肌を焼くけれど、心は余裕しゃくしゃく。曇りだろうが晴れだろうが、帽子は毎日かぶっているし、オーストラリア到着直後から毎日欠かさず日焼け止めも塗っている。腕や首筋はもちろんのこと、鼻の頭に唇に、耳のふちだって忘れはしません。あたしゃ耳なし芳一にはならないよ！　楽勝気分でがんがんと、日差しの下歩みを進める。どうだ、紫外線、まいったか！

ところがどんなに完璧と思っていても、死角というのはあるもので……。人間、完璧だと信じている時は、変化に気付くのも遅いらしく、熱いな、とは思いつつ、それが紫外線のせいだとは気付かなかった、真っ赤になって皮膚がパキパキになるまで！　だって、ちゃんと塗ったもの、ハンドクリーム塗る要領で、手にだってしっかり日焼け止め！

　確かに手にも塗っていたけれど、まさか指の側面までは気付かなかった。そう、人差し指の、親指側の側面は！　リュックを背負って歩いていれば、腕は体の横にくる。自然と手の側面は太陽を向き、そして人差し指の側面は一日中太陽とご対面！

　気付いたら時すでに遅く、指は真っ赤に腫れ上がり、しっかり火傷状態に。あまりの痛さに夜も眠れず、水を満たしたコップを枕元に置き、人差し指を突っ込んで、なんとか眠りにつこうとするものの、コップをひっくり返さないか気になって、ぐっすり眠ることもできない。翌日アイスパックを手に入れるものの、痛みはなかなか治まらず、出会う人には「指突っ立てて歩いてたの？」と、ゼスチャー付きでバカにされ……とほほ。

　気をつけましょう、紫外線。
　日本の7倍も強いそうなので！！

第3部 オセアニア編

移民の国のオランダ人
　　　　　—アデレード（2003年12月下旬）

　蜘蛛に噛まれて腫れた指に、火傷が後から加わって、哀れ痛みの二重奏。1週間分の薬のおかげで腫れの方はなんとか治まったものの、火傷の痕はまだまだ赤い。

　その日も晴天のサウス・オーストラリア。炎天下でむっと熱を発するアスファルトの上、次のバスまでの待ち時間をアデレード観光にと歩き始めたのはいいものの、体温が上がって指はずきずき。これは観光どころじゃない。

　やむなく観光をストップし、病院探しに切り替えて、早速目の前にそれらしき建物を発見。ここでなんとかなりそうだ。

　中に足を踏み入れると、明るい照明の中で子供達の声がこだまする。やけに子供の多い病院ね。そう思いつつ受付に行ったところ、案の定、

「ここ、産婦人科＆小児科だけど、どこに用事？　婦人科？」

　え、婦人科？　それってもしや、火傷なんかは診てもらえないわけ？

　場違いなのは承知の上で、指を見せ、顔をしかめていかにも困った旅行者面で、かくかくしかじか説明すると、

「ちょっと分からないけど、誰か対応できるかもしれないから、じゃあ奥のカウンターへ」

　なんとか第一段階突破。

そして次なるカウンター。火傷なんだと説明すると、
「ここ、小児科だからねぇ、どうかな。あ、ちょっと待って、そこのナースに聞いてみるから」
　たまたま横を通りかかったナース、私の指を見ると、
「確かにこれは痛そうね」
　と同情のまなざし。
「ここは外科じゃないけど、子供もよく火傷するから、応急処置的なことはできなくはないわ」
　と、指に応急処置をして、その後のバスの長旅用に、冷やす氷も準備してくれる。

　そんな彼女の名札を見ると、名前がなんとなくオランダ風。もしやと思って問うてみると、案の定、彼女のご両親はオランダ人で、第2次世界大戦後、オランダからオーストラリアに移民として渡ってきたという。
「オランダ語って、今となってはうちの父とたまに話すくらいだわ」
　と、久々のオランダ語がとても嬉しそう。

　ヨーロッパを荒廃させた第2次世界大戦後、オーストラリア政府が公式に開始した移民計画に合わせるように、イギリスやイタリア、ドイツやギリシャといった国々から、多くの移民がオーストラリアに渡ってきた。その中には、ドイツ軍による占領の苦い思い出から逃れるようにオーストラリアへ渡ってきたオランダ人も多いという。オーストラリアの現人口1900万人の

4分の1は外国生まれ。その中でも戦後の移住者上位10位に位置するのがオランダ移民といい、彼女のご両親もそうした中の一組らしい。

オーストラリアの185分の1の国土に、オーストラリアよりたった300万人少ないだけの人口を持つオランダから来た彼らにとって、広大なオーストラリアの大地はさぞかし住み心地がいいことだろう。

ちなみに火傷のほうはというと、紹介された別の病院では時間切れで診察までこぎつけられず、結局自然治癒に任せることに。大自然を文字通り身をもって体験する日々……。

ハエと時差と熱風と
―フリンダース山脈（2003年12月下旬～2004年1月上旬）

オーストラリア南部、その名もサウス・オーストラリア州に位置するフリンダース山脈。アウトバック（＝未開拓の奥地）に南北300kmに渡る山脈は、太古の断層が横縞となってくっきり表れる赤茶けて乾燥した波状の山肌を持つ。低い木々が断層に沿って生え、その筋状の緑と空の青、山肌の赤のコントラストが強いインパクトを与える。外気温40度、夏真っ盛りの乾燥した大地に四輪駆動で踏み入れた、2泊3日の年越しキャンプ。

12月31日、年越しはフリンダース山脈中部のどこともつかな

い山の麓で、キャンプファイヤーを囲んで迎える。生まれて初めての、全世界と30分ずれの年越し！

　というのも、サウス・オーストラリア州は、世界大半の地域の1時間ごとの時差に従わず、時差単位は30分。東海岸のシドニーとは時差が30分で、西海岸のパースとは1時間半の時差がある。同じ経度で北側（＝赤道側）に位置するノーザン・テリトリー州も同じく時差単位は30分。

　ところがサウス・オーストラリアでは夏にはサマータイムが採用され、ノーザン・テリトリーではサマータイムが採用されない。南北に隣り合わせる2つの州、冬の間は同じ時間帯内だけれど、夏には1時間の時差がある。なんでそんなややこしいことするの？

「緯度が低ければ（＝赤道に近ければ）年間通して昼夜の差はあまりないからサマータイムは必要ないけれど、緯度が高くなれば昼夜の差が大きくなるから、サマータイムを採用する方が生活にあってるんだよ」

　ヨーロッパでもサマータイムは導入されているから、理屈は分からなくもない。でも、それなら30分っていう時差はなに？　1時間じゃなく30分にすることで、生活する上で大きな利点があるわけ？

「それは……えーっと……むにゃむにゃ」

　日が暮れる頃、カンガルー肉でバーベキュー。赤身のお肉は低脂肪、アミノ酸バランスに優れ、亜鉛や鉄分などのミネラルを多く含む良質栄養食品とかで、ダイエットにも最適らしい。

短時間で火を通したそのお肉、口当たりが柔らかでジューシー、これは絶品！　スーパーでも普通に売られているそうで、実際後日、お肉コーナーで、牛肉や豚肉の隣にさりげなく並んでいるのを目にする。

　シャンペンで年越しを祝い、一騒ぎした後地面にマットレスを敷いて寝転がる。さすがに日中40度あっただけあり、真夜中でも地面が熱を帯び、吹く風もまるで熱風。寝袋はおろかタオルケット1つ必要ない。Tシャツ1枚でごろっと寝転び空を仰ぐと、空を埋め尽くすような満天の星空に、サザンクロスが輝いている。美しい……！　しーんと静まり返った音のない世界で思い思いに夜空に見入る。ああ、夢見心地……。

　とはうまく運ばないのが世の常で、うだる暑さにようやく寝付いた真夜中に、突然ぽつっとかかる雨。突如湧き上がった雲が、無防備のキャンパーの上にばらばらっと雨粒を落とし、朝5時前にはハエの羽音で目が覚める。横ではハエに毒づく彼女や、アリにかまれて痛痒がっている彼の声。首筋はじっとり汗をかき、乾いた地面から巻き上げられた砂が髪にからみつく。うーん、不快感……。

　中でも極めつけは、無数に群がるハエの群れ。日の出と共に活発に活動を始め、乾燥した大地で水分を求めて、皮膚や目元に執拗にまとわりつく。耳元で絶えず響くその羽音に、暑さが輪をかけイライラ絶頂！　ランチタイムのオープンサンドはあ

わやハエサンドになりかねない。無事具材「のみ」を挟んだ後も、サンドイッチだけを口に入れるのに一苦労。ハエはサンドイッチと口の間を忙しく八の字旋回、気を緩めたその一瞬に、サンドイッチに急降下！　ハエを追い払う手は常時フル稼働、頭をすっぽり覆う「ハエネット」は大人気。それはそれは閉口しました……。

とはいえ雄大なアウトバック。アボリジニーの遺跡や蜃気楼の浮かぶ塩湖、果てしなく続く地平線に沈む夕日、夕焼けをバックに湧き上がる雲に遠雷と遠目に臨む雨の束、そしてそこら中を駆け回る野生のカンガルーにワラビーに……ハエサンドを我慢してでも、行く価値はあるのです！

ちなみに、時差30分差の国はオーストラリア以外にも何ヶ国かあり、更には時差15分差の国（ネパール）なんていうのも世界にはあるようで……。これって利点、あるんだろうか？

単なる岩の塊か、それとも感動、絶賛モノか
―ノーザン・テリトリー（2004年1月上旬）

なんの因果か山好きが、最高地点321m、国土の24％が海抜以下の低地オランダに住み始めてはや4年半。バカンス時には、山を目指してオランダ脱出、オーストラリアももちろん山へ。ビーチを目指す輩を尻目に山から山へと移動して、最終地点は

第３部　オセアニア編

　エアーズ・ロック／ウルル。テレビの特番、ガイドブックの表紙、写真集に絵葉書にカレンダーに。あまりに有名、事あるごとに見かけるために、期待半分で旅程最後にくっつけてみる。単なる岩の塊か、それとも感動、絶賛モノか。

　バスに揺られて14時間、オーストラリアはど真ん中、夏真っ盛りのアリス・スプリングス。エアーズ・ロックへの最寄りと言われるこの町は、外気温42度、冗談抜きで灼熱地獄。思考は停止、体はロースト、流れる汗は速乾性！　切らせた息も涼しく感じる昼下がり、熱い空気が体に重い。

　１泊２日のツアーで訪れたのは、アリス・スプリングスから南西へ、大陸中心部、レッド・センターと呼ばれる真っ赤な大地の３大見どころ、キングス・キャニオン、エアーズ・ロックとオルガ／カタ・ジュタ。誰が「最寄り」と言ったのか、走行距離は片道およそ500km。これではまるで、パリを拠点にバスでロンドン見物に行くようなものだ。

　あまりの暑さにツアーも音をあげ、キングス・キャニオンは崖には登らず、谷間で楽して残りの時間は近場のプールへ。
「水着持って来なかったよ、昨日の参加者はそんな時間ないって言ってたし……。まさか下着じゃだめだよねぇ」
　つぶやく私に声が飛ぶ。
「そのまま飛び込め〜！」
　ジーンズの短パンにノースリーブのシャツブラウス。ズボン

の替えは持っていない。まさか乾かないだろうし……。ためらう私に追い討ちをかけるように声が飛ぶ。
「気持ちいいよ〜！」
　時間あるからなんとかなるか。
　ノリに任せて飛び込むと、ほてった肌に生ぬるい水が心地いい。ちょっと服がごわごわするけれど……。ところでこの水、なんだかかなりしょっぱくない？
「それはみんなの汗の味！」
　……。

　体験するとはこういうことで、乾燥大地のオーストラリア、中南部での水源は、主に掘り抜き井戸による地下深くからの地下水。塩分濃度がかなり高いとかで、飲料水には向かないために、主に牧畜用に利用されるらしい。ということは、ツアーメンバーは羊扱い……？！

　心配及ばずあっという間に乾いた服ですっきり気分、そこから更に数時間、遥か地平線まで続く大地に、突如現れる岩の陰。そこへガイドのお兄ちゃん、
「ほ〜らほらほら、見えてきたね〜、左側、見えるよね、あそこに……」
　窓越しに見やると、まっ平らな大地に突如聳える山陰が。形はまるで薄べったいテーブル・マウンテン。あれがエアーズ・ロックなんだ……！　長距離走行でだれ気味だった車内の空気は一気に活気づき、あちらこちらで歓声と、次々シャッターを

第3部　オセアニア編

切る音が。とその時お兄ちゃん、続けて一言、
「……マウント・コナーが」
　なんですと？！　驚き目をやるバック・ミラーに映るのは、ガイドのお兄ちゃんのいたずらっぽく笑った目。してやられたり……。

　本物とのご対面はそこから進むこと更に100km。18km離れた正真正銘「最寄り」の拠点、エアーズ・ロック・リゾートの展望台から眺める正真正銘のエアーズ・ロックは、まっ平らな大地にどっしり腰を据えている。その波打つような赤い岩肌で、夕暮れ時の光が微妙に影を作り、揺らめく大気を通してかすかにちらつくその様は、まるで天体望遠鏡で見る月面のよう。

　日中予想気温36度を超える日は登頂禁止のエアーズ・ロック。翌朝8時、気温はすでに33度。おかげで岩には登れない代わりに、岩に沿って周囲の散策約2時間。一枚岩とはいえ、侵食によって長い年月をかけて造られた岩肌は、横縞断層に縦皺に、へこみにうねりに洞穴に、はたまた何段にも渡る滝まであって、その表情のなんと豊かなこと。たかがエアーズ・ロックとたかをくくっていたけれど、これには完全に感服し、自然に対して神妙な気分になる。アボリジニーが神聖な場所と崇めるわけだ。

　その後巨大な奇岩群オルガで再度感動、大満足でアリス・スプリングスへ。結論。エアーズ・ロックは「感動、絶賛モノ」！

オセアニアを旅して

　ニュージーランドとオーストラリア、同じ英語圏のお隣同士だけれど、ほんのちょっぴり垣間見ただけでも、受ける印象も見られる風景も全く異なっている。同じ大自然を抱えていても、ニュージーランドはたおやかで、オーストラリアはパンチがある。どちらも旅したことのある人は、どちらか一方だけを好きになる、なんて聞いたことがあるけれど、確かに詩情あふれるニュージーランドに、パワーみなぎるオーストラリア、好みの違いは出てきそう。でも、それぞれに異なっているからこそ、どちらを旅しても面白い。やっぱりまだまだ世界は見所満載、旅はやめられないのです！

著者プロフィール

岡田 裕子（おかだ ゆうこ）

1972年生まれ、大阪府出身。
京都外国語大学を卒業後、外資系企業勤務等を経て、2000年にオランダへ移住。現在、国連関連機関に勤務。

だから、旅はやめられない！
　　　―ヨーロッパ・ロシア・オセアニア編

2005年2月15日　初版第1刷発行

著　者　　岡田　裕子
発行者　　瓜谷　綱延
発行所　　株式会社文芸社
　　　　　〒160-0022　東京都新宿区新宿1-10-1
　　　　　　　　　　電話　03-5369-3060（編集）
　　　　　　　　　　　　　03-5369-2299（販売）

印刷所　　東洋経済印刷株式会社

©Yuko Okada 2005 Printed in Japan　　　　　JASRAC(出)0415170-401
乱丁本・落丁本はお手数ですが小社業務部宛にお送りください。
送料小社負担にてお取り替えいたします。
ISBN4-8355-8666-2